大学の発想転換

体験的イノベーション論二五年

坂本和一

東信堂

まえがき

本書は、筆者が一九八六年から二〇一一年の二五年間に、いろいろな機会で行った「大学のイノベーション」についての講演および執筆のいくつかを収録したものです。行われた講演はそれぞれの時期に、主として講演を主催した団体の機関誌紙や関連のメディアで文章化されました。それらを掲載させていただいた年代順にまとめてあります。

このような企画を思いついたきっかけは、二五年前、筆者の本務校であった立命館の学内誌『職員研修』第一号（一九八七年九月刊）に掲載された、本書冒頭の稿「大学組織のイノベーションのために」を偶然見つけ、改めてこれを読み返してみたことでした。

この稿は、一九八六年夏、学校法人立命館の総務部が開催した職員研修の席に招かれ、その席上で、本務校の立命館大学が進めようとしていた組織イノベーション（改革）について行った講演を記録したものです。まだ生硬なものですが、思い返してみると、以後私が立命館で教学部長（一九八八～九〇年）、副総長（一九九四～二〇〇四年）、立命館アジア太平洋大学の開設準備責任者および初代学長（一九九七～二〇〇三年）などの職務を担うことになった際の、業務遂行の精神的な背景となっていったものです。

このような本務校の仕事を担った一九八〇年代後半から二〇〇〇年代前半までの二〇年余りの間に、幸運にも私は大学の改革をめぐるいくつもの重要な経験をさせていただきました。

ちょうどこの時期の前半は、社会的には国際化、情報化というような、今は社会活動の当たり前の前提になっている状況がいよいよ急潮化してくる時期であり、また環境問題に対する社会的認識も急浮上してくる時期でした。経済的には、この時期は一九七〇年代の長期的停滞から抜け出した日本経済が現出した八〇年代のバブル経済が再び弾け、九〇年代以降二〇〇〇年代までいわゆる「失われた二〇年」ともいわれる揺れ幅の大きな時代でもありました。これと並行して日本社会は、九〇年代以降一八歳人口が長期にわたって減少期に入り、未体験の少子・高齢化社会の時代を迎えることになりました。

国際的にはこの時期に、第二次世界大戦後の時代を被ってきた米ソ冷戦の時代が、一九八〇年代末にソ連・東欧の社会主義の崩壊によって終焉を迎えました。一方、それまで長く停滞を宿命づけられているとみられてきたアジアの経済が成長軌道に乗りはじめ、二〇〇〇年代に入ると「二一世紀はアジア太平洋の時代」ということが誰の目にも疑いようのないものとなってきました。

このような国内外の社会変動を背景に、日本の高等教育政策も大きな変化がありました。高等教育のあり方に特に大きなインパクトを与えたのは、一九八〇年代末から活動を開始した政府の大学審議会の動きでした。特に一九九一年に出された大学審議会の答申「大学教育の改善について」は、戦後大学教育の仕組みを規制してきた制度的縛りを大きく緩和し、戦後の大学教育のあり方を大きく転換させることになりました（いわゆる大学設置基準の「大綱化」）。

このような社会の変動や高等教育政策の転換を背景に、大学のあり方をめぐってこれまでになかった新しい大学イノベーション（改革）の動きが生まれ、勢いを増すことになりました。社会や科学技術、学問の新しい動きを反映した新学部や新学科設置から始まり、新しいタイプの大学づくりや新キャンパス開設、キャンパス移転や新しい教育インフラストラクチュアの開発など、これまでになかった新しい大学イノベーションが展開しました。

私の本務校立命館でも、一九八七年の理工学部情報工学科、八八年の国際関係学部の設置に始まり、九四年の新キャンパス、びわこ・くさつキャンパス（ＢＫＣ）開設と理工学部の拡充移転、政策科学部の設置、九八年のＢＫＣへの経済、経営二学部の移転・新展開、二〇〇〇年大分県別府市での立命館アジア太平洋大学（ＡＰＵ）開設、二〇〇〇年代に入ってからの情報理工学部、映像学部、生命科学部、薬学部、スポーツ健康科学部の相次ぐ開設、またロースクール、ビジネススクールをはじめとする各種の独立大学院、専門職大学院の開設など、数々のイノベーションが展開しました。立命館のこのような展開は、当時全国の大学イノベーションにそれなりの刺激を与えたところもありました。

この時期の大学イノベーションの大きな特徴は、大学が企業や地域、地方自治体などとの繋がりを強め、いわゆる社会的ネットワークの中でその展開を図ったことでした。立命館はこの時期に、地方自治体との大型公私協力に依拠してBKC開設とAPU設置という二つの画期的な展開を実現しました。また企業や政府・自治体との連携（産官学連携）で教育・研究充実の取組みも画期的に進みました。

またこの時期に、大学設置の「大綱化」を背景に、これまでは考えられなかった地域における大学間の教学連携（地域大学コンソーシアム）が進みました。その魁《さきがけ》をなしたのは、後に「大学コンソーシアム京都」に展開する「京都・大学センター」の開設とその中心的な取組み、大学間の単位互換制度の構築でした。

私はちょうどこの時期に立命館で先に述べたような役職を担ったこともあり、それらの大学イノベーションのほとんどにかなりの程度深く関わりました。そのため、その都度いろいろな機会にそれらのイノベーションをテーマに講演や執筆を頼まれました。

本書に収めた稿は、約二五年にわたるそのような私のその時、その時の活動記録です。

時期が二五年に広がっているので幾分背景の時代状況が今日とずれているかもしれません。しかし読み返してみると、大学イノベーションに対する基本視点はそれほど大きくずれていないように思います。それが、書かれた（話された）時代の違いがあるにもかかわらず、それらを本書のようにまとめてみようと考えた所以です。私自身はすでに大学の現場から退いていますが、これからの大学イノベーションの展開に何か参考になることが残せればという気持ちです。

それぞれの稿が書かれた（話された）具体的な場や背景、掲載された誌紙については、それぞれの稿の冒頭に紹介してあります。ご参照下さい。

ただ、文章の全体の体裁を整えるために、それぞれの稿について幾分表現をあらためたところ、加筆ないし削除したところがあります。ご理解下さい。

少々硬い書籍の出版がなかなか難しい中、今回も先の『ドラッカーの警鐘を超えて』に引き続き、東信堂・下田勝司社長のご好意に甘えました。改めて厚くお礼申し上げます。

二〇一二年八月二〇日

坂本和一

目次／大学の発想転換――体験的イノベーション論二五年

大学の発想転換

――体験的イノベーション論二五年

1

大学組織のイノベーションのために

〔一九八六年〕

〔解説〕

この稿は、学校法人立命館の総務部が開催した職員研修の席上で、それまで経済学部教員として過ごしてきた筆者がはじめて専門の経済学を離れて、本務校の立命館大学という組織のイノベーション（改革）について行った講演を記録したものである。以後私が立命館で教学部長（一九八八～九〇年）、副総長（一九九四～二〇〇四年）、立命館アジア太平洋大学の開設準備責任者および初代学長（一九九七～二〇〇三年）などを担うことになった際の、業務遂行の精神的な背景となっていったものである。

この大学組織のイノベーション論を展開する際、当時刊行されたばかりのピーター・F・ドラッカーの『イノベーションと企業家精神』（一九八五年刊行）の考えが多く活用されている。これを契機に筆者のドラッカーに対する関心が強くなったこともあり、その意味でも筆者にとって思い出深いものである。

この稿は、学校法人立命館『職員研修（一九八六年度）』第一号、一九八七年刊行、に所収された。

はじめに

いま私たちの大学が進めておりますいろいろな事業や改革につきまして、私の感じていることを少しお話させていただきます。僭越なことを申しあげるかもしれませんし、またオーバーコートの上から掻いているような、もどかしい部分があると思いますが、企業のことを勉強している一人の経済学部の教員が大学の組織というものを刷新していくために、どういうフレームワークでものを考えるのかということをお知りいただければ幸いです。

またいささか教養的でありまして、あまり実用的でないとも思いますので、その点ご勘弁願いたいと思います。企業論で使うフレームワークから考えるといまの立命館の私たちが一生懸命やっておりますいろいろな事業や改革がどういうふうに位置づけられ、さらにどういう点をもうすこし強めたらいいのかということが出てくればと思います。

今日は、刷新あるいは改革ということを「イノベーション」という言葉で表現していきますが、私たちの大学で「イノベーション」を行うために、どういう点を念頭におくかということが問題であります。

1．大学をめぐる社会環境

はじめに現在の大学をめぐる社会環境というものがどういうものであるかということを少しお話いたします。この点は大学の文書でも種々論じられていて、あまりくどくど申し上げるまでもないと思いますが、ここでは四つほどのことを申し上げます。

技術革新の時代

今日いろいろな社会の矛盾が問題になってきておりますけれども、長期的な視野でこの社会の発展を見てみますと、技術の発展が急速に進んでいることが一番の問題であります。とりわけ私たちのまわりでもエレクトロニクスや情報技術の発展というものがあって、そのことが私たちの身のまわりにいろいろなインパクトを与えています。

情報化という問題につきましては、一つにはそれによって、例えば私たちの仕事の効率が上がるとか、作業の仕方が変わるとか、という側面がありますが、もう一つ、サービスの仕事の担い手として大学を捉えてこの問題を考えますと、私たちは日々の営みの中で「選択の可能性」がたいへん増幅されてきているのに驚かされます。その中で例えば学生の求めているニーズというものも非常に多様なものに広がってきている点に注目する必要があると考えます。

もちろん機械化によって私たちの仕事のあり方が様々な点で変わるという問題がありますが、それと同時に何事によらず人々の選択の幅が急速に大きくなっています。そのことがまた、逆に情報化のいろいろなサービスを求めるというように反作用してくるという関係になっています。

例えば学生諸君と話をしますと、私たちが思う以上に選択の幅の問題ですとか選択可能性の問題について敏感で、カリキュラムでも、四回生がいまの二回生の一般教育のカリキュラムを見て非常に羨ましがるのです。私たちも変わっているのは分かっていますけれど、予想以上に選択の幅が大きいということについての魅力とか感じ方は敏感です。これは直接情報化の結果というわけではありませんが、しかし、やはり現代の技術革新の流れの中で起こってきている問題として捉える必要があるのではないかと思います。

国際化の時代

もう一つ大きな状況変化として国際化の問題があります。

そういう流れの中で、立命館大学では国際関係学部ができようという時代ですから※、こんなことをいまさらいう必要もないのですが、後とのつながりで申しますと、現代の国際化というのは、やはり技術革新がベースになった国際化であるということと、それを使う企業の活動が進めている国際化であるということです。このあたりが国際化を見る具体的な視点として必要です。

※　立命館大学国際関係学部は一九八八年開設された。

一般的に国際化が進むというのではなく、やはり技術革新がベースになり、さらにそれを使う具体的な企業の活動が絡み合いながら、あるいは衝突しあいながら進んでいるということです。したがって、国際化というのはそういう意味では非常に大きな軋轢をはらみながら進んでいっている、このような時代であろうと思います。

そのあたりのところを具体的に見ておく必要があるということです。

平和と民主主義をめぐる新時代

三番目に立命館の教学理念でもある「平和と民主主義」をめぐる問題ですが、今日の世界の政治的・社会的状況を見ますと、この問題が大きく問われてきているということは間違い無いことです。しかしこの問題を考えますときに大切なことは、国際化とか技術革新という新しい時代の大きな流れの中で、この理念を新しい迫力をもったものとして社会にアピールしていくことが求められてきています。そのためには「平和と民主主義」という理念をさらに私たちの次の事業構想の展開と結びつけ、この理念の実体化を図ることが必要かと思います。またそのことによって、私たちの事業構想を一段と大きく飛躍させる必要があるということです。

客観的に見ますと、「平和と民主主義」の問題はいま非常に大きな危機に直面していると思います。しかしそのことをどういう形で本当に人々の心に力になるようにアピールしていくのか。このことは、私たちの大学の理念を本当に大学のアイデンティティーとしてリフレッシュするという課題と一体の、重要な課題であると思います。

企業化の時代

以上までの点はこれまでにもいろいろなところでいわれておりますので、くどくど申し上げるまでもないことですが、今日の時代の大きな特徴として、ここでもう一つ付け加えておきたいことがあります。それは、今日の時代が「企業化」の時代という性格を強めているということです。

この言葉は私の造語で、あまり一般に書かれたりはしていない言葉かも知れませんが、いまの時代というのは様々な組織が企業的な発想で、企業的な活動様式で動いていくという傾向が強く出てきている時代だと思います。私はこれを「企業化」の時代といっているわけです。

一般に「企業」といいますと、やはり利潤とか営利とかいうものとつながったイメージが強いです。客観的に資本主義経済の中で企業は営利を目的とし、利潤を上げるということを目的に動いているということは間違いありません。けれども他方で、例えば私たちの大学のような、こういう公共性をもったサービス機関でありますとか、もっと視点を変えれば社会主義という※、資本主義とは違う経済体制をとっていて、元来企業だとか組織というものが営利目的で動いていないといわれる社会体制の下でも、生産活動、サービス活動をする組織が、やはり企業的な発想なり活動様式をもって、自立性をもって動くような方向を全体として志向してきているという状況があります。

※　当時はソ連・東欧社会主義崩壊の直前で、社会主義における自由な企業活動の意義が盛んに論じられるようになっていた。

組織がそういう企業的な志向性をもって動いてきているということは、多分小手先の問題としてではなく、現代の組織というものがもつ役割なり特性なりがそのような動きをつくり出しているのではないかと思うわけです。確かに企業というものは、資本主義においては現実には営利を目的として動いていますけれども、この営利目的を実際に実現させるためには、明らかに単純な営利目的、利潤追及だけではだいたい長続きしないということが多いのです。企業というものは、目先の利潤追求だけでは、当面数年あるいは十数年は調子が良くても、資本主義体制の中で長持ちしないということがよくいわれていることです。

そこで、企業というものを考えるときにはもっと広くまた長い目で、つまり本日のテーマである革新とかイノベーションの担い手という視点で見てみる必要があるのではないかと思います。なぜ社会主義でも企業といわれるものを自立性をもって活動させる傾向があるのかと申しますと、そういう社会体制でも、生産やサービスの組織単位としての企業が本当にイノベーションをやれるような構造になっていなければならないということに、実は関わってきているのではないかと思います。私は、組織というものがイノベーションを進めるという意味での企業的な性格を社会体制の違いを超えて志向している、そんな時代の流れを感じるわけです。

したがって、資本主義という体制の下での公的なサービス機関、営利目的を主としないサービス機関でもやはりそういうイノベーションを推進するということが求められてきていますし、そういう意味でいうと、企業的な発想の仕方、企業的な活動様式というものが求められてきています。これは、けっして営利を目的とするということではなくても、やはりそうしないと、例えば大学という組織、立命館という組織が社会の求めているものに応えていけないということになると思います。ここのところがイノベーションの意味だと思うのです。

イノベーションというものをそういうふうに企業というものと結びつけて考えますと、逆に企業というもの自体がもっと広い目で見えてくるのではないかと思います。例えば大学とか、あるいは立命館というものは、組織として一般企業とはちがう特殊な性格をもっているので、大学、あるいは立命館の具体的なそのような場に、一般企業の活動の中から生まれてきたような効率を良くする原理だとか、事業のやり方などというものをもってくるというのはおかしい、という発想がひところありました。けれども私は、企業の役割なり働きというものをそういうふうに広く理解することで、大学と一般企業のもつ組織としての共通の側面をより深く理解できることになり、その中での大学がもつ特殊性というものもより具体的に理解できるようになるのではないか、このような感じをもっております。

ところで、最近の社会状況の中では、いわゆる「業際化」あるいは「融業化」といわれる状況があります。これは、最近の様々なイノベーションによって、産業間の壁がなくなってくるという現象です。このような状況は私たちの大学をめぐっても進んでいます。具体的なことは皆さんのほうがよく御存じですから細かくは省きますが、私たちがどんなに「大学は営利組織ではない」といったって、まわりから共通の場での競争を強いられたときに、私たち自身が、自らそれに対応を迫られるという状況になっております。イノベーションの問題は、実際にはこのようなきわめてリアルな形で迫られているわけです。

2．イノベーションとは何か

それではイノベーションとは何かということを少し申し上げます。

イノベーションといいますとすぐ技術の問題に傾きがちで、何か新しい技術が導入されるというような狭い視野で考えるところがあります。けれども、イノベーションはそれだけのことではなくて、もっと広い視野をもって理解することが必要です。これは著名な経済学者ジョセフ・シュムペーターが説いているイノベーションの説明の借用ですが※、①新しい製品やサービスをつくり出すこと、それからまた、②製品やサービスの質は同じであっても、新しい生産方法を考え出すこと、これは当然イノベーションの大きな柱です。しかし、いままでと同じものを同じようにつくってはいても、③新しい市場や販路の開発をすることもイノベーションであります。また同じ物をつくる場合でも、④使う材料や資源が新しくなるということもイノベーションでありますし、また⑤そのために必要ないろいろな組織を変革することもイノベーションであります。

※　シュムペーター『経済発展の理論』原著一九一二年刊、第二章を参照。シュムペーターは「イノベーション」のことを「新結合」といっている。

このように整理してみますと、私たち自身がイノベーションというものをこの大学の組織でやろうとするときに、特に新技術導入という狭い視野だけではなしに、本当に身のまわりのところで、いろいろなところにイノベーションの種が転がっているというように視野が広がるだろうと思います。例えば、**資料1―1**に「イノベーションの五つの態様」というものを載せていますけれども、これはイノベーションのことを具体的にイメージ・アップするために、一般社会でいわれていることを参考までに書いてみたものです。

私は学生にイノベーションの話をするときに、よく最近の中期国債ファンドの話をします※。イノベーションというと、エレクトロニクス技術の発展とか、何か非常に新しい機械が登場してくると

資料1－1　イノベーションの5つの態様

イノベーションの態様	具　体　例
①高度の技術や優れたソフトを体化した商品・サービスの開発、品質向上	・最先端のエレクトロニクス・光通信技術などを体化した商品（軽薄短小型高機能商品など） ・ソフトウェアの活用にユーザーの潜在的ニーズを顕在化させたサービス（宅配便による運輸サービス革命、各種セキュリティー・サービスなど）
②エレクトロニクス技術と高度のソフトを駆使した画期的な合理化・生産性向上	・生産部門での産業用ロボット、NC工作機械、CAD/CAMなどの導入によるＦＡの普及 ・事務部門でのファクシミリ、パソコンなどのOA機器の導入 ・配送部門での無人倉庫など無人化装置の導入
③自ら新市場を創出する販売戦略策定と販売網の拡充	・カタログ販売などの無店舗販売の普及 ・ユーザーのニーズを敏感にとらえる直販システム ・日常品の無印商品化戦略 ・各種ニューマーケットの開拓
④情報や新素材など現代的新資源の活用	・各種材料革命（セラミックス、炭素繊維、エンジニアリング・プラスチックなど） ・情報を直接的な商売の材料とするVAN、CATV業務への進出 ・エレクトロニック・バンキングの進展 ・流通業でのPOS活用による需要を的確にとらえた販売・在庫管理
⑤企業の活性化を図る経営システムの再構築	・組織の硬直化を未然に防止するための組織再編、合理化などの組織改革の盛行 ・企業内ベンチャーの導入

かということにすぐ目がいきますけれども、例えばこの中期国債ファンドというものが導入されたということは金融の世界ではまさしく画期的なイノベーションだったということです。いままでは銀行と証券会社は法律もあって、それぞれ別の仕事をするという垣根がはっきりしていたわけですけれど、中期国債ファンドという新しい「金融商品」が登場したことで、金融産業のありようが非常に変わってきたということはご承知のとおりです。ですから、そういうソフトなもので、イノベーションの対象になるものがたくさんあるということを知って、学生は「あっ、そうか」と思うところがあり、効き目があるわけです。イノベーションの拡がりみたいなものをいうときに、これはそういう意味で効果のある一つの例なのです。

※　当時、金融ビジネスの盛り上がりの中で、中期国債ファンドという新しい金融商品の登場が大きな話題になっていた。

また、組織を変えるということもたいへん重要なイノベーションですが、これを認識させることも学生には刺激になります。ご承知のように企業は事業構造を多角化させるとともに、組織の仕組みを、事業部制を導入することで大きく変革することが必要になります。これを現代の企業における重要なイノベーションとして意味づけることによって、イノベーションというものを広い視野から理解するのにたいへん役に立つわけです。

3．大学組織のイノベーション

前置きが少し長くなってしまい、これからが本題ということになりますが、テーマは「大学組織のイノベーション」ということですから、**資料1—1**上に見た「イノベーションの五つの態様」という点からしますと、第五の柱のところの問題を具体的に考えることになります。

ホワイトカラー組織のイノベーション

一般企業の世界での、最近の生産性向上をめぐる問題状況を見てみますと、ロボット化、FA化が進んだということもありますし、日本では特にQC運動なんかも定着してきたということがあって、生産現場での生産性の向上、あるいは品質の向上については、一つの蓄積ができたというのが企業の認識としてあると思います。

しかし今日、それと非常にギャップがあるのはどこかというと、事務労働、ホワイトカラー労働のところです。ここでの生産性をどのように高めるか、あるいはどういう視点でそれを図るかということが、一般企業の世界でも一つの焦点になっているのではないかと思います。この問題は日本能率協会なども取り組んでいる一つの重要な課題です。

普通このような問題を考えるときのフレームワークを**資料1—2**で示してあります。ホワイトカラーの生産性を考えるとき、どのような諸要素を考慮に入れるべきかということです。

この場合、何といっても人間の能力というものが出発点となります。まず人間のもっている潜在的な能力が問題でありますが、それにどれだけの知的装備をするかということで、実際に存在する人間の能力になるだろうと思います。ですから、知的装備をした人間の能力が原点にあります。

その上に、さらに四つほどの大きな要素があります。まず、人々は働くシステムをもっております。あるいは制度をもっております。大学にも様々なシステムや制度があります。一つは、このシステムなり制度なりがどのように合理的なものになっているかということです。

さらに、実際にシステムというものは人間が動かすものでありますから、それを目的に沿って動かす人

資料1－2　ホワイトカラー生産性支配要素

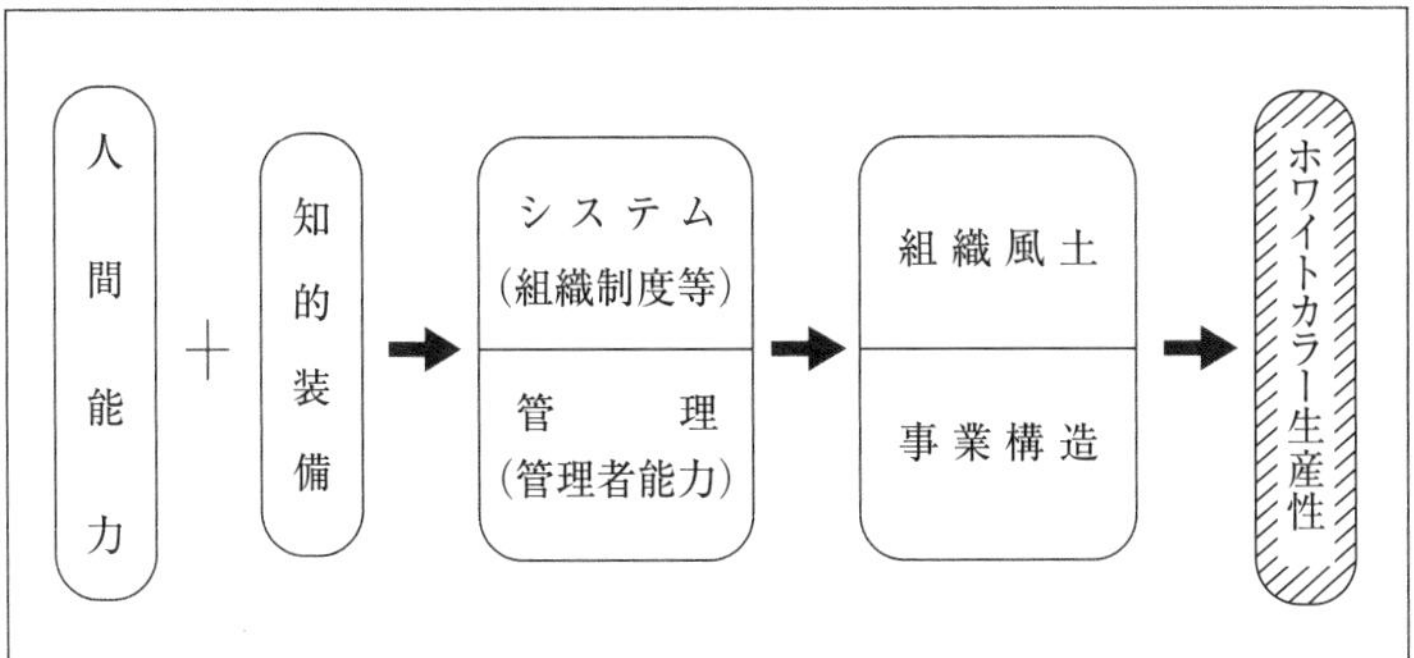

出所：日本能率協会資料より。

間、とりわけそれぞれのセクションのシステムを動かす管理者の能力というものがあります。そういう管理者の能力を伴った具体的なシステムを通して、人間はそれぞれの働きをしていくわけです。

しかし、ホワイトカラーの生産性はそれだけで決まるかというと、それだけではなくて、さらにもっと具体的なところで二つの大きな要素があります。一つは事業構造という要素であり、もう一つは組織風土という要素であります。具体的に仕事をするとなりますと、その企業がどういう事業をやろうとしているのかという事業の立て方、目的、そのようなものが実際にシステムの働きを決めるし、また実際に発揮する管理者の能力を決めていくということであります。さらにもう一つ、それと平行して組織風土というものがあります。これはどういうものかというと、すぐれて人間サイドの問題であります。

事業構造というのは、例えば大学でいえば法学部があり、経済学部があるというような事業の柱の仕組みです。それに対して、そこでは様々な資質、特徴をもった教職員が働いており、その教職員がどのような発想をし、どういう行動の仕方をし、どういう意欲をもっているかということが実は生産性を決め、事業の成果を決めるというのが組織風土の問題であります。最近は「組織文化」といういい方がされて、組織改革の課題として特に注目されている問題です。

このような諸要素が連関しあって、全体としてのホワイトカラーの生産性が決まるということです。

このようなホワイトカラーの生産性を決めている諸要素というものをもう少し組織改革という実践的な視点から整理してみると、**資料1―3**に示したような四つのファクターにまとめられます。第一が効率化、第二が事業構造の改革、第三が組織風土（文化）の改革、そして第四が生産性教育という、四つのファクターです。最後の生産性教育というのは、要するに組織を構成する一人ひとりのメンバーがそれぞれ知的装備を高めるという営みです。

この四つの要素をコントロールすることがホワイトカラーの組織というものの生産性を高める上で重要だということです。これは、私たちの組織というものをどの辺で改革しなければならないかということをみるときに、一つの目安になるだろ

資料1―3　生産性革新活動体系

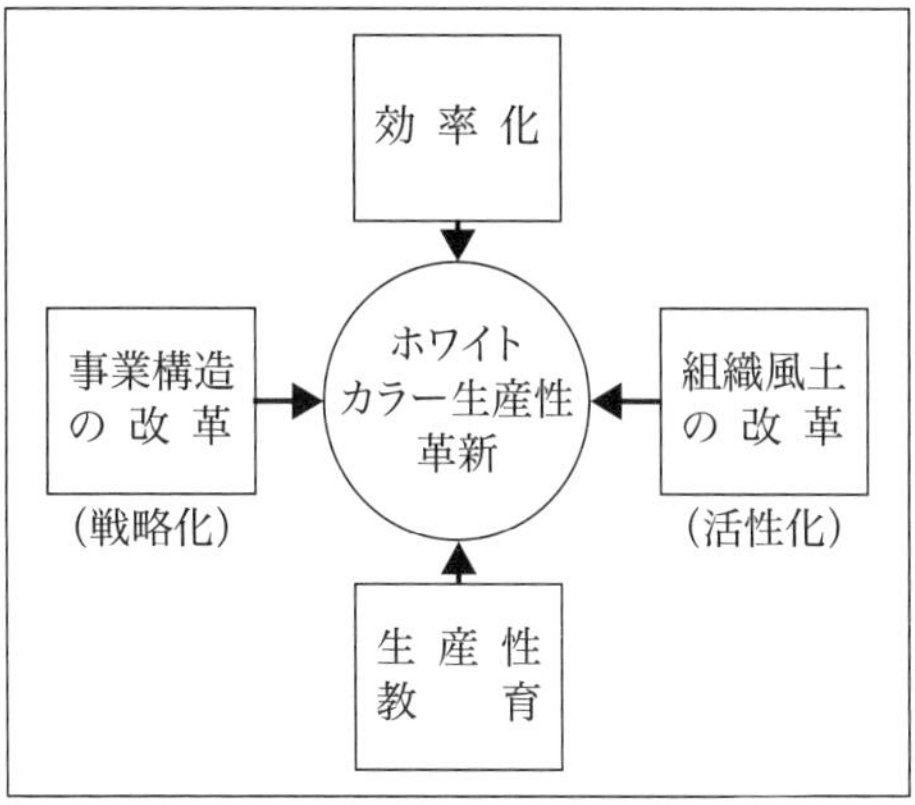

出所：日本能率協会資料より。

うと思います。

例えば、ある企業なり組織では、効率化という側面ではたいへん機械化が進んでいるようにみえる。しかし、どうも実際には機械がよく動いていない。機械は最新鋭のものを入れたけれど稼動率が低い。なぜかといったら、その新しいコンピュータを使える人が少ないとか、あるいは機械の能力は高いのに使えるソフトが弱いから稼動率が低い、といったようなことがよくあります。

あるいは、効率化は進んでいるけれどもどうもパッとした売り物がないといったこともあります。どういうことかというと、効率化は進んでいるけれどもその時代の社会的ニーズにマッチした事業構造ができていないという問題であります。効率化を支える進んだ仕組みもあるし、事業的には一流の良い売り物をもっているようにみえる、けれどもその会社はどうも活気がなくてパッとした商売ができない、こういうこともあるわけです。それは何が悪いかといいますと、組織風土（文化）が沈滞しているという問題です。

資料1―3に示しましたような組織改革の内容を決める四つのファクターのフレームワークは、私たちが組織というものをみていくときに、どこに欠陥があるのか、あるいはどこが進んでいるのか、どこにアンバランスがあるのかということを発見する、一つの目安になるだろうと思います。

立命館ではいかに進められているか

そこで次に、**資料1―3**のようなフレームワークからみて立命館での組織改革はどのように進んでいるのかについて、私の理解を、少し評論家風になって恐縮ですが、申し上げていきたいと思います。この場合、どこに不十分さがあるのかということと同時に、どこに「予期しない効果」が現れているのかという点に着目することが大切かと思います。

後で申しますが、不十分さをいうのは、私たちは一般的に得意です。問題点を指摘するというやり方です。何かことが起こったら、「問題点は、……」という発想をするわけです。しかし、イノベーションを考える観点からすると、問題点の指摘と同時に、どこに「予期せぬこと」が起こっているかをみつけることが非常に重要だというのが、私がここでいいたい点なのです。

私たちが大学で進めている様々な改革や事業がどういう点で問題を抱えているのか、どこにアンバランスがあるのかということと同時に、本当はそこまで考えていなかったけれども、どうも「予想しないこと」が起こっているのではないか、妙な反応があるぞ、という問題について敏感に感じとることが大切ではないかということです。

①効率化

まず、効率化という問題です。これは今私たちが進めております事務機構改革というものに関わりますが、それをどう評価するかという問題です。普通この問題を考える時には、四つぐらいの柱で考えると理解し易いと思います。

まず第一番目は簡素化の総点検という柱で、これが原点です。要するにいま私たちが行っている事務作業（職員の方の仕事だけでなく、教員が担っているその側面の仕事も当然含めての話ですが）で、簡素化ということがどこまできちんとやり切れているかというのが、ホワイトカラー組織の効率性をはかる第一のポイントだということです。

例えば、企業では、「一ページ文書」というのがあります。御存じの方もいらっしゃると思いますけれど、一ページを超えた文書は上級の管理者が受け取らないということです。要するに、必要なことは一ページで全部書け、それ以上のものは総てやり直しであるという、非常にラジカルな文書管理です。しかし、これはかなりの企業でやられているということです。それには、いろいろな意味があると思います。上級になればなるほど様々なところから文書が上がってくるのに、何十ページもあるものを全部読めるか、一ページで要点だけ持ってこい、というところもあるでしょう。また、一ページを超えるようなことは、下のほうで事前にちゃんと処理しておけ、という発想もあろうと思います。だから、例外事項だけ持ってこい、例外でないものは全部、下のほうで処理できるはずだというわけです。こういう「一ページ文書」運動みたいなものもありますし、とにかくどういう簡素化ができるのかというのが第一です。

第二番目は、簡素化の問題と同時に、やらなければならない仕事があってそれをどこまで効率化できているかという問題です。細かいことは、皆さんの方がよく御存じですから、それぞれのところでそういうチェックポイントとして考えていただければよろしいかと思います。

それから第三番目に、簡素化、効率化の問題に絡んで、さらに大きな問題が、オフィスの慣習の改革という問題です。オフィスにはそれぞれなにがしか歴史があって、私たちの仕事のやり方に教員であろうが職員であろうが、それぞれ習慣があるわけです。歴史の長い組織であればあるほど、それはこういう風にするものだということを教えられてきたし、後輩にも教えてきたということがあります。一体このオフィス慣習というものを本当に洗い直せるかどうか、これに大胆にメスが入れられるのかどうかということが、結局簡素化、効率化の決め手になっているわけです。

それから四番目の問題は、オフィス環境の改革といわれるものです。私の机の上はたいへん乱雑で有名なので、あまり偉そうなことはいえませんが、わが身を顧みずに申しますと、ここでいわれているのは、オフィスの環境というものが私たちの仕事の能率にたいへん影響するということです。机の回りに文書がうず高く積んであるというようなことでは、とても仕事の簡素化、効率化が本当に進むことにならないということです。環境が効率に非常に大きく影響するというのがやはり問題になっている点だと思います。

この環境の問題というのは、もっといえばオフィスの色をどうするかとか、机の色をどうするかとか、フロアーをどうするかとか、果てはバック・グラウンド・ミュージックを流すかどうかといった話につながる問題ではありますけれど、このことはあながち軽視できない問題でして、私たちが毎日する仕事の進み具合というのはそういうオフィスの環境に非常に関係があるということは、すでに専門のところでもいわれていることです。

以上のような仕事の簡素化、効率化に関わりまして、ちょっと思い出したのですが、最近評判のある会社では「三％のコストダウンはなかなか難しいが、三〇％のダウンは比較的かんたんである」というようなことがいわれていると聞きました。三％のコストダウンというのはなかなか難しい。いまでもぎりぎりでやっているのに、さらに三％コストダウンせよというと、これは現場がものすごく抵抗するのです。ところが、三〇％カットせよといったら、しんどいけど意外とスパッといくというわけです。

このことは、原稿を書く仕事をしている私たちにはよくわかる気がします。原稿というのは、例えばいま一〇〇枚書いたのをあと三枚削れ、というのはすごくしんどいわけです。どこを削るか、一行一字ずつ字数を勘定して削るわけです。すごくしんどい思いをしてやるんです。ところが一〇〇枚書いたのを七〇枚にせよ、といわれたら、もう小手先の削り作業ではできないから、思い切ってある節を削るわけです。一節をはずせば思い切りがつくわけです。

自分の仕事でもそういうことを感ずることがありますので、ちょっと申し上げてみました。

②事業構造の改革

二番目の問題は、事業構造の改革です。これはいわゆる事務室とか現場の問題というよりも、もう少し大きな企業全体としての事業の柱に関わる問題です。

私たちは組織の問題といいますと、どちらかというと自分のしている仕事の現場であるオフィスの問題とか身の回りのことにどうしても気が行きがちです。けれども、いま立命館では新学部・新学科だとか既存学部リフレッシュだとか、様々な大きな事業構造の改革をやっていて、全員がそちらに関心を向けていますから、この点では、私は非常に良い状態だと思います。しかし、一般的にいうとやはり事業構造の改革という大きな問題にまで一人ひとりのメンバーの関心が行くというのはなかなか難しい問題のようです。一般にいまの企業ではそういう状況をどうして意識的につくり出していくかということで努力しているわけです。

ところで、一般企業もそうですが、大学も現在自分たちがやっている事業をめぐる社会の環境が急速に変わり、ニーズが変化してきています。そこでそれにどう積極的に対応するかということが必要になってきています。しかし、対応、適応というだけではダメなのであって、他人の気のつかない社会のニーズをどうして開発するのかということがないと、やはりいけないわけであります。そういう意味で「対応」と同時にニーズを「開発」するということでないと、事業構造の改革というものに取り組んでいるとはいえないと思います。

この点で立命館は一九八〇年代に入って第三次長期計画から始まり、この数年来、新学部・新学科の増設計画を具体化してきましたが※、このような事業の展開は私たちにとって、ものすごく大きな意味をもったと思います。

※　その中で、一九八七年四月に理工学部情報工学科、八八年四月に国際関係学部が設置された。

またこれは、立命館の組織の健全さを示している点でも重要な意義があると思います。立命館はこれまでの歴史もあり、財政基盤の弱さを指摘されたりもいたしますけれど、私は現在の時点である種の弱点をもっている、不安定さをもっている企業というのは、逆説的になりますが、長期的にみれば必ずしも不安定ではないと思います。不安定にみえる企業は、それだけみんなが不安をもっているわけです。不安をもっているということは、やはり個人も生きていかなければならないし、組織も存続していかなければならないわけですから、そういう問題はみな関心をもって一所懸命取り組んでいくというところがあります。

一方で社会環境そのものは急速に変化しているわけですから、そういう企業、つまりいつもどうしよう、こうしようと模索しているところは長期的にはむしろ強い。ＮＥＣ会長の小林宏治さんが、「不安定な企業は安定であり、安定な企業は不安定である」といっていますが、そのことなのです※。

※　小林宏治氏は一九六四年日本電気株式会社（ＮＥＣ）社長、七六年会長。同氏著『Ｃ＆Ｃは日本の知恵』サイマル出版、一九八〇年、を参照。

立命館は財政基盤が弱いなどといわれたりすることがありますが、その中でこれだけの果敢な事業をやろうということで、この数年来、私たち教職員が挙げていろいろな意見の違いもぶっつけ合いながらやってきているのは、私はむしろ組織としての健全さを示していると思うのです。

新学部・新学科の増設と並行して、もうひとつ、既存学部のリフレッシュ計画がいま進みつつあります。これは確かに相対的に遅れています。けれども新学部・新学科計画はとにかく急ピッチで進んでいます。その時に、「既存学部のほうはどうするのか」ということで、このギャップを埋める作業をみんな必死の思いでやらざるをえないということです。これは既存学部のリフレッシュだけ取り出したって絶対にできないことだと思います。新学部・新学科というのがあって、これはこれでいくということで、もうここまで来ている。それでは、「既存学部はどうするんだ」といわれるわけです。

それからもうひとつ、学生部と教学部との関係の問題です。結論的にいえば、私は、いま大学の学生部でやっている仕事というのは、一つの「事業」という発想をすべきではないかと思うのです。一般に学生部といえばまだ学生生活・学生活動のサポート部隊であるという感じが強いと思います。

しかし、各学部の担う仕事を教学事業とすれば、教学事業の六つの柱（間もなく七つになりますが）と並んで※、文化・スポーツの部隊として学生部を位置づけることが必要ではないかということです。もちろんその事業の一部分としてサポート活動を含めてのことですけれど、今日、大学が担うべき文化・スポーツ活動の役割の大きさを考えますと、やはり大学が文化、スポーツ活動を一つの事業として取り組んでいくことが必要であり、そういう文化・スポーツ活動の事業体として学生部を位置づけられないか、ということです。

※　当時立命館大学には、法、経済、経営、産業社会、文、理工という六つの学部があり、八八年国際関係学部が加わり、七つになった。

大学ですから伝統的に教学事業というか、企業論的発想をすれば「教学事業部」というものがあり、実際に教学部がそれを統括しているわけです。それと並ぶ独自の事業分野として文化・スポーツ事業があり、これを例えば学生部が担うということです。やることは当面あまり変わらないかもしれませんが、発想の転換というのが大切だと思います。同じことでも現状をどう見るかということ、どう位置づけるかということで、先の展開がかなり大きく変わってくることがあるように思います。

③組織文化の改革

三番目に、組織文化の改革です。これは以上のような効率化、事業構造の改革と並ぶ改革のもう一つの大きな柱で、具体的には人の問題であります。どれだけ効率化をやろうとか、事業構造の新展開をやろうといっても、いったいそこでの構成員の一人ひとりが本当にイノベーションの担い手としてやれるのかどうかというのはやはり組織の中での文化とか風土の問題なのです。

一つの組織というものは、本当に活気あるものになっていこうとするならば、やはりその組織の構成員がそれぞれバラバラでどっちを向いているのかわからないということではだめなのです。組織の理念や目標でみんなの意思が統一しているとか、こういう問題についてはこういう発想をしていこうではないかとか、こういう行動様式をしようではないかという、仕事を進める点でいわず語らずにまとまりがある、ということが不可欠なのです。これが組織文化とか組織風土というものだと思います。

企業の動きを見ておりますと、アメリカも日本もそうだったんですが、一九七〇年代の企業というのは、事業構造の改革と効率化の問題にものすごく注目したのです。とくに、どのように事業構造を変えて利益を上げるかということを考えたと思います。事業構造を変えるということに、イノベーションの中心をおいてやったわけです。要するに、企業のメカニズムをどう変えるのかということです。

ところが、メカニズムをどう変えようかといろいろやってきたのだけれども、八〇年代になるころからそれだけではどうもうまくいかないという問題が出てきました。なぜかというと、人の問題についておろそかになっていたわけです。

メカニズムはすっきりし、事業の柱もきちんと整理されて、これだったらいけると思っていたのに、なかなかうまくいかない。またうまくいっている企業といかない企業が出てきた。ある企業は同じことをやったのに全然うまくいかない。あっちの企業は、なんかもたもたしながらも、うまくやっているのに、こっちはうまくいかない。メカニズムはきっちりしたのにうまくいかない、という時に浮かんできたのがこの組織文化の問題であります。

近年、経営戦略の研究動向として文化論・風土論重視の雰囲気がまん延することには、私は一人の研究者としては少し抵抗はありますけど、私たちが見ている企業の組織改革の関心の柱は、結局いま組織文化をどうするかということに集中しているわけです。

企業なり組織なりの活力を決めるものとして、メカニズムの問題と同時に、いまそのメカニズムで働く一人ひとりの人々のありようが重要な問題になっているのは根拠があるわけで、組織としての理念・目標だとか発想・行動様式だとか、そういうものがどういう風に、立命館なら立命館で、きちんと力になっているかということが問題だと思います。

この点は、世界観を統一したり、行動をみんな画一化せよといっているわけではありませんので、誤解しないでいただきたいと思います。むしろそういうように、組織が一つの組織として、ある理念の下でみんなで合意された事業目的に沿ってきちんとまとまっていけるような風土の中でこそ、本当に一人ひとりの能力が高められたり、多様な能力が開発されたりするんだということがいいたいわけです。

逆に沈滞したムードの中では一人ひとりの能力の向上も開発もできないということです。だから、組織全体が活性化するということが個人の能力を向上させ、開発するということと一体であるということではないでしょうか。

以上のような組織文化の改革を実際に進めます場合に、一般にいわれていることで、四つぐらいのことが重要だと思います。よく組織の活性化というと小集団的な活動をどうするかとか、職場単位レベルのあり方のところに関心が過度に傾きがちです。けれども、あまりそのことだけにとらわれ過ぎるといけないということです。そういう改革を進める時の課題を重層的に理解することが大切だというのが、私のいいたい点です。

一番大切なのは、例えば、立命館なら立命館の組織の中で、この組織が進める事業についての理念というものをきちんとするということです。立命館では、「平和と民主主義」という理念があります。この理念をどういうふうに活性化の力になるように実体化できるかということがあります。「平和と民主主義」の現実的な意味は、新しい社会状況の中で客観的にはますます大きくなっていると思いますが、ただ理念としてあるということではなくて、本当に大学創造のアイデンティティーを確立するという観点で、どのようにしてこれを実体化するのかということが大切ではないかと思います。

一般企業では、例えばＮＥＣは「Ｃ＆Ｃ」という組織理念をつくっています。「Ｃ＆Ｃ」というのは、「コンピュータ・アンド・コミュニケーション」という意味ですが、コンピュータと通信をくっつけるということで、その会社の事業の根本的な特徴を反映しているわけで、企業アイデンティティーとか企業理念の問題ではよく引き合いに出される例です。

私がちょっと勉強しましたＩＢＭという会社は、「IBM means service.」というスローガンをもっています。「ＩＢＭはサービスを意味する」という。これは、「ＩＢＭというのは機器を売っている会社ではありません」ということをいっているわけです。ＩＢＭは「コンピューター会社」といわれている。けれども、「ＩＢＭはサービスを売っています」、「ＩＢＭという言葉はサービスを意味します」ということで、「顧客サービス」というのが売り物だということを内外にアピールしているわけです。

とにかくそのような一つの組織理念のようなものが、企業なり組織なりの運営で一人ひとりのメンバーに内実化し、アイデンティティーとなって力になるという、こういう問題を私たちもいまの状況の中で再認識する必要があるのではないか、これが第一です。

二番目は、そういうものをテコにしながら、さらにどうして一人ひとりの人間の働く動機づけをするのかという問題です。この動機づけの責任というのは、それぞれの管理者の責任でありです。だから問題は、管理者が自らの責任を果たしていくために、動機づけをする能力をどうして開発するかということです。管理者が現場でどうして一人ひとりに様々な状況の中で動機づけをするかということについては、意識的な能力開発をやらなければならないというのが第二の点です。

三番目は、イノベーション・ブロック排除の問題です。これは、職場それぞれのところでイノベーションをやろうとすると、必ず障害がある。ある人が「こうしたらどうか」、「いままでやっているのをこう変えたらどうか」というと、必ず障害が出てくる。これをいかにして排除するのかという問題です。

イノベーション・ブロックには、①物の見方に関わるもの、②人事に関わるもの、つまり人と人との関係に関わるもの、それから③組織の仕組みに関わるもの、要するに組織の仕組みがそういうイノベーションを提案しても通らないようになっているといったこと、など様々あります。

こういうものを管理のサイドからどのようにして適切に克服させていくのかということが第三の点です。

四番目に、小集団活動であるとか提案制度であるとかといった、今までよく組織活性化といわれたときに出てきている問題があります。これはすぐれて職場レベルでの具体的な活性化施策です。

とにかく、組織を活性化するというときに、以上のような重層的な要素を視野に入れながら、そのような枠組みにいままでやってきたものも位置づけて進めることが肝要だということです。

④知的装備

このような改革をやろうとしますと、さらに根底のところで、一人ひとりのメンバーの知的装備の問題が出てきます。知的装備を改革しないと発想の転換ができませんし、新しい状況で新しい提案が出てきても、それについていくような知的装備ができていなければ保守的な抵抗心が起こってくるわけです。そういう意味で、知的装備というものをそれぞれがどうして図るかということが根底のところにあります。

それには研修制度もあり、こういう研究会もあり、様々やられているわけですから、立命館でもいろんな形でチャンスが生まれてきています。けれども、少し偉そうないい方をすれば、組織全体としてとにかく「もっともっと勉強しよう」ということです。いろんな集団研修などもやりながら、同時にそれぞれの個人のところで、専門にしろ、広い視野の問題にしろ、学習活動をしていくという組織風土を立命館でもう一段も二段も高めていくことが教員にとっても職員の方にとっても大切ではないか。これがあればいろんな発想が出てきてもついていけるし、抵抗心も低くなる。このように思うわけです。いまこれがないということではありませんが、これをもう一段も二段も高めていこうではないかということです。

4. イノベーションの機会をいかに見出すか
――ドラッカー『イノベーションと企業家精神』（一九八五年）から学ぶ

最後に、そうしたらイノベーションというものをどのようにやるかということで、少しお話しをいたします。

有名な米国の経営学者、ピーター・ドラッカーが『イノベーションと企業家精神』(一九八五年）という本を書いています。先日この本を読み、いくつか具体的な点で教えられることかありましたので、そのいくつかの点を紹介したいと思います。

イノベーションの問題というのは一人の研究者としても、自分がこれまでやってきたことをどうしてイノベートするかということで、非常に重たい問題なのです。今までやってきたことをそのまま繰り返してやっていればなんとかメシは食わせてもらえるのですけれども、――いやこれからは食わせてもらえるかどうかわかりませんね、――一向に新しいものが出てこないと、精神的に厳しいジレンマに陥るわけです。ですから、このような本を読むと身につまされまして、そこでの話しは企業や組織の話ですが、「おまえの研究はイノベーションができているのか」といわれているのといっしょのことで、たいへん深刻な気持ちになるわけです。

　ドラッカーはイノベーションというものをやるときに、イノベーションの機会を見つけられるかどうかがポイントだといいます。

　そして、イノベーションの機会は七つあるといいます。列挙してみますと、①予期しないこと、②調和しないこと、③プロセス上のニーズ、④産業・市場の構造変化、⑤人口構成の変化、⑥認識の変化、そして⑦新しい知識の獲得、以上のような七つの点を挙げています※。

当時刊行されたばかりのドラッカー『イノベーションと企業家精神』（1985年刊行）の原著表紙

※　ドラッカー『イノベーションと企業家精神』原著一九八五年刊　第Ⅰ部を参照。

　ところで、ドラッカーがいうに

は、イノベーションというとすぐ人は発明・発見や何か新しい技術、知識がないかと考える。何か新しいことをやろうと思うと、使えるような発明がどこかにないか、探そうとする。企業はどこかで新しい技術の芽はないかといって必死で探している。それはそれで意味はあるけれど、これにはすごくリスクがかかるし、それに賭けるのはバクチみたいなものだというわけです。それはやらないわけにはいかないけれども、イノベーションというのはもっともっと身近なものですよ、というのがドラッカーのいいたいところです。

そこで、一番かんたんなイノベーションの芽がどこにあるのかというと、毎日ルーティンにいろいろなことをやっているときに起こる「予期しないこと」(成功も失敗もある）の中に潜んでいるというわけです。私たちはいずれにしてもなにか仕事をしている。そのときに私たちは「こうすれば、こうなる」という思いで、仕事をしている。ところが、やってみた結果に「予期しないこと」が起こることがある。「予期しないこと」が起こったときに、普通、人は大体これは「予期しないこと」の方がおかしいと思うわけです。おれがやろうと思っていることが正しいのに、「予期しないこと」が起こったというのは、どこか狂っていると。「世の中狂っている」というように思う。

例えば、アメリカのニューヨークの百貨店のことで、こんな話があったと、ドラッカーが紹介しています。それはだいぶん前の話で、ちょうど家電製品が出てくるころの話です。ドラッカーの話をすこし翻案して紹介すればこういうことです。当時、百貨店の主力商品は圧倒的にファッション製品、つまり、衣料関係であった。ところが、その百貨店で衣料品がなかなか売れない。これに反して、フロアの主役ではない家電製品がよく売れる。ファッション製品の売れ行きは停滞しているのに、家電製品が非常に売れる。そのときに、ニューヨーク百貨店業界トップのメーシーの社長はこう考えた。「百貨店の主力でないものが売れすぎる。うちの主力はファッション製品なのに一向に売れないけれども、家電製品みたいなものが売れる。百貨店の主力はファッション製品である。これを何とかして売らなければ、百貨店の面目が立たない。」そう考えて、とにかくファッション製品を売るのに全力を上げた。しかし、なかなか売れ行きが伸びなかった。

しかし、もうひとつのまだランクの低いブルーミングデールという百貨店は、よく売れるから家電製品のフロアを一気に広げた。そうしたら、それは飛ぶように売れて、それで売上が伸びて、百貨店のランクがぐんと上がって、メーシーに迫るぐらいになってきた。メーシーの方は間もなく経営陣が交代して、経営戦略を練り直し、家電製品も積極的に売るようになってやっと面目を保ったという話です。

これは状況が変わってきて、「予期しないこと」が起こったときに、これを企業のビジネス・チャンスとして掴んだか、掴まなかったか、ということを示す話です。

私が調べたＩＢＭにもそういうところがありました※。ＩＢＭはご存じのとおり、汎用コンピユータ中心の会社です。一九六〇年代まではとくにそうだった。だからコンピュータというのは「汎用コンピュータ」だと思っていた。そのときに、ご承知の方もあるかと思いますが、ＤＥＣという会社があります。このＤＥＣという会社が小型のミニコンを発売した。それがものすごく売れた。ところがＩＢＭは、小さいコンピュータはだいたい商売としてもあんまり有利ではないし、うちも汎用コンピュータで小さいのをもっているんだから、そんなものは無視していいと思っていた。ところが、それがどんどん広がった。ミニコンの世界というのがコンピュータの中で一つの領域になってきたときに、ＩＢＭもあわててそれに進出したわけです。だから出遅れたわけです。ＩＢＭはそれに出遅れたから、いまでもミニコンやオフコンにはそれほど強くないのです。一九七〇年代に必死でそれをやって何とかキャッチアップはしていますけれども、汎用コンピュータのような強さはもっていないわけです。

※　拙著『ＩＢＭ――事業展開と組織改革』一九八五年、ミネルヴァ書房、を参照。この小著は汎用コンピュータ全盛時代の、一九八〇年代半ばごろまでのＩＢＭの発展をまとめたものである。

もうひとつ、一九七〇年代終わりからもっと小型のパソコンというものが出てきたわけです。このパソコンのところでもＩＢＭは遅れをとった。しかし「今度はミニコンの二の舞はしない」ということで、このパソコンに対しては非常にスピーディーに対応した。ですから、パソコンについてはＩＢＭはビジネス・チャンスをかなり早くキャッチしました。しかし、だいたいあんな小さなコンピュータがそんなに大きなビジネスになるとは、初めは思わなかった。こんなものは、子どものおもちゃだ、と最初思ったわけですね。それをビジネス・チャンスとして掴むかどうかは、「予期しないこと」に対する認識の問題であったわけです※。

※　しかしＩＢＭは、一九九〇年代前後の急速な業績悪化を契機に、業態を今日にみるようなソリューション企業に大転換を図った。その流れの中で、二〇〇五年、ＩＢＭのパソコン事業は中国のレノボ・グループ（聯想集団）に売却された。

私たちにも同じようなことがあります。教室で一所懸命マルクスだ、ケインズだといって、いまの学生諸君にしたらずいぶん難解な文章を読ませて、経済学のエッセンスをものにさせようとするわけです。一所懸命かみ砕いてやっている。ところが学生諸君にとってはこれでもなかなかしんどいわけです。たいへん難しいわけです。けれども、エッセンスの同じことを、例えばトヨタのカンバン・システムはこうなっている、これで下請けがどうなっている、という話とか、景気を盛り上げるために政府と日本銀行がどうした……という話になってきますと、彼らはそれなりにパッととびついてくるわけです。

「トヨタでどうなっているかとか、政府と日銀がどうしたとか。そんなこと、日経新聞の切り抜きを教えてどうなるんだ」といってしまえば、その問題は、元の木阿弥です。けれども、学生は私たちの「予期しないところ」で反応を示すわけです。トヨタとか日銀はどうしているのか、どうなっているのかといったら、経済学の古典で書いてあるようなことがものすごくリアルな、具体的なかたちで出てきている。そのことについては、みんな興味をもつわけです。そういうことで調べようといえば、みんな一所懸命調べるわけです。私たちはそういう問題に対して、「そんなことは、『資本論』のエッセンスがわかっていなければ、ケインズの理論がわかっていなければ、どうして理解できるか」といってやり出した途端に、学生の意欲を引き出すという問題はドロップしてしまうという側面があるわけです。ですから、その「予期しない状況」とか、「調和しない状況」というものをどのように私たちがうまく読みとって教育のやり方をイノベートするのかということが大切なのです。

これは単に教育の問題だけではなしに、私達自身の経済学が本当にそういう状況にふさわしいものになっているのかという展開にまで及ぶわけです。それは実は、おまえの書いている本がそういうものに見合うような内容になっているのかどうかが問われていることでもありまして、何も明日の授業をどうするかというだけの問題ではないというのが私の感じです。

そういう意味では私たちのやっている経済学もずいぶんと同じような状況の中でイノベーションをせまられているのですが、なかなか思うように行かないわけです。

話が自分の研究のイノベーションのところに及びましたところで、ちょうど持ち時間が参りましたようですので、今日はこれでご勘弁いただきたいと思います。

2

変貌する社会と大学の自己革新

〔一九九二年〕

〔解説〕

この稿は、一九九二年五月一四日、京都の国・公立大学、私立大学の関係者が共同で催したシンポジウムで、筆者がその一つを担当した基調報告をまとめたものである。もう一方の基調報告は当時京都大学理学部教授で、二〇〇八年度のノーベル物理学賞を受賞された益川敏英先生が担当された。

このシンポジウムが開催された一九九二年は、戦後日本の大学教育のあり方を大きく転換させた大学審議会の答申「大学教育の改善について」が出された（一九九一年二月八日）直後で、大学のあり方への関心と大学自身の改革が社会的に大きな関心を呼んでいた。

シンポジウムは、高等教育研究会という京都の大学人・教育関係者でつくる研究会が企画したが、高等教育研究会はその後間もなく京都の大学と京都市がタイアップした京都・大学センターの立ち上げ（一九九三年夏）の一つの原動力となった。このシンポジウムそのものが京都・大学センター立ち上げへのきっかけとなった。

この稿は、高等教育研究会編『大学は生き残れるか――二一世紀への大学改革』一九九二年、機関紙出版、に所収されている。

この稿には、何回か益川敏英先生のご発言との関わりが示唆される発言があるが、益川先生のご発言については、上掲書を参照されたい。

1. 学問創造の新しい課題――社会科学の立場から

急速に変貌をとげつつある今日の社会にあって、大学が果たすべき役割は何か、そのために大学はどのような自己革新をとげなければならないか。このような問題を考えてみようというのが本日の課題かと思いますが、まず今日私たちが直面している学問創造の課題ということから考えてみようと思います。

益川先生の提起されたような学問論については、私は社会科学の立場、それも経済学という限られた視角からしかものがいえません。それにしても、学問と社会の関係が大きく変化しているというのは、まさしくそのとおりだろうと思います。

「二一世紀文明」への転換点――情報化・ボーダーレス化のインパクト

そこで、この点を考える出発点として、「現代」をどのように捉えるかということを考えてみます。この点は、人によっていろいろな切り口があろうかと思います。ここでは私は、とくに技術論的な視点、あるいは技術史・文明史的な視点を重視して、結論的にいえば「現代」を一八世紀末以来の「物質・エネルギー中心の文明」終焉の時代、それに代わる新しい「二一世紀文明」への転換点として位置づけてみたいと思います。一八世紀末からの産業革命によってもたらさ

この稿が掲載された高等教育研究会編『大学は生き残れるか——21世紀への大学改革』（1992年、機関紙出版）の表紙

れた近代の「物質・エネルギー中心の文明」は、一九世紀から二〇世紀後半に至ってその一つの頂点に達したといってもよいのではないかと思いますが、これがいま大きな転換点を迎えている。それが二〇世紀末の「現代」であろうと思うわけです。

　それでは、そのような新しい「二一世紀文明」を特徴づけるものは何か。「二一世紀文明」の特徴といっても、何もすべて二一世紀になってはじめて現れてくるといったものではなく、すでに一九七〇年代末ころからその底流は様々な形で姿を現して私たちの生活を洗い始めているというのが私の考え方なのですが、この問題を考える場合にも、人によってさらにいろいろな視点があります。たとえば、最近とみに関心が高まっている「地球環境の危機」といった視点から、二〇世紀から二一世紀への文明史的な転換を問うのも大切な視点かと思います。

　しかしここでは、私は、もうすでに手垢に汚れたような言葉ですが、いま進んでいる社会の変貌をトータルにとらえるキーワードとして、「情報化」という視点をもう一度取り上げてみたいと思います。

もとより、情報化といってもさまざまな理解があります。よくある見方ですが、マイクロエレクトロニクスの発展によって情報処理技術が大きく変革され、私たちの生産活動や生活スタイルを大きく変えつつある状況を情報化として捉えることもできます。しかし、ここでは私はそれをもう一つの、「無境界化」ないし「ボーダーレス化」という言葉で置き換えてみたいと思います。これもかなりいい古るされた言葉ですが、「無境界化」とか「ボーダーレス化」というコンセプトが情報化というものの本質をうまく表現しているように思われるからです。

学問も大学も、現在非常に大きなボーダーレス化にさらされています。「学際化」が学問の新たな展開の重要な課題になっていますし、大学もこれまでの国・公立か私立かという制度的な違いは急速に薄れてきつつあります。

「国際化」はその最たるものですが、これはより一般的なレベルで見れば、「域際化」と呼ばれるべきものでしょう。それは、一九世紀から二〇世紀を通じての近代社会の中でつくられてきた様々な政治的、経済的、あるいは社会制度的な地域性が問われているということであります。

また、私は産業論をやっていますが、産業の「際」も、いま大きく動いています。これまで相互に競合することがないと思われていた産業分野が、新しい技術の登場やシステム、組織のイノベーションによって一気にその壁を崩され、双方の企業が入り乱れて一つの土俵で競争が始めるといったことがめずらしくなくなっています。つまり「業際化」が進んでいるわけです。

もう一つ、これはあまりいわれていませんが、一九世紀、二〇世紀につくられてきた様々な社会システムもボーダーレス化している。「システム際化」などという言葉はありませんが、そういっていい現実があります。

たとえば最近の世界情勢ですが、ソ連・東欧型の社会主義が崩壊し※、「資本主義が勝った」というようないい方をされます。しかし、実は実態はそんな簡単なものではなく、資本主義システムと、これまで社会主義といわれた国が経験してきたシステムとの間の、いわば「システム際化」といってもいいような現象ではないかと思います。「資本主義が勝った」というよりも、むしろ少し長期的に考えれば、これが新しい経済社会システムの形成への出発点となるような事態として理解しておく必要があるように思うわけです。

※　東欧社会主義の崩壊を象徴する「ベルリンの壁」崩壊は一九八九年一一月九日、最後の大統領ミカエル・ゴルバチョフ氏が辞任してソ連邦が崩壊したのは一九九一年一二月二五日である。

こうした「システム際化」から、卑近な私たちの身の回りの生活スタイルや作業スタイルの「二四時間化」まで含めて、いまボーダーレス化という現象がいろいろな領域やレベルで進んでいるわけですが、これらの現象と情報化というものは表裏一体であるといえます。

この際、ボーダーレス化と情報化をつなぐものは、まず何よりもわかり易い点でいえば、情報処理技術の革新であります。実際に国際化をはじめ、ボーダーレス化の多くがこの間の情報処理技術の急速な発展によって推し進められてきたことは周知のとおりです。

しかし、これと同時に、もう一つここでは「情報」というものがもっている、いままでの歴史になかった新しい社会的特質がたいへん大切になってきていることを指摘させていただきたいと思います。

ご存じのように、情報というものは物理的に磨耗しない。使っても、磨り減ってなくなるわけではない。また、AからBへ譲渡されても、モノのように必ずしもAの手中からなくなるわけではない。つまり、譲渡しても依然として以前の持ち手に残っている。こうして、情報には「非磨耗性」、「非譲渡性」という特質があります。さらに、累積すると「一プラス一が二以上」の力を発揮して効果が出てくるという、「累積効果性」という特性もあります。こうした、これまでなかったような特質をもった情報という要素が社会の様々なところで働きはじめている。このことが「ボーダーレス化」の非常に重要な要素ではないかという感じがいたします。そして、これがまたわれわれの学問のあり方に対しても非常に大きなインパクトを与えてきているように思うのです。

社会科学の革新――総合化の試み

このような情報化とボーダーレス化の展開を背景にして、この二世紀ほどの間に私たち人類が構築してきた社会の様々なシステムのパラダイムが、いま大きく問われてきています。

私自身の専門分野である経済学などは、まさにその矢面に立っています。社会科学はいままでどちらかというと分析的、説明的な学問として通用してきました。社会や経済の運動の法則性を分析し、それをいかに合理的に説明するかというところに、何よりもその存在価値を見い出してきたわけです。

ですから、これまで社会科学は、直面する現実的な諸課題に目的志向的に解決策をつくり上げ、提案していく点では非力でした。また、そのような実践的なレベルに踏み込むことを、学問する者の姿勢として潔しとしない雰囲気もありました。

しかし、やはり今日のように旧来のシステムのパラダイムが崩れ、新しい代替システムが必要となる時代になりますと、社会科学が新しい解決策や現状に対するオルタナティブ（代替案）を積極的に出せる能力をもつことが非常に重要になります。そのような作業を、口先だけでなく、現実にやらなければいけないところにきているのではないかと思います。

そういう意味では、益川先生が提起された科学の「総合性」といったことと重なりますが、もちろんただ寄せ集めるだけでなく、目的志向的に重要課題に即して様々なシステムを構想し、それらを競合させながら社会の選択にゆだねていくような、実践的な社会科学を私たちはつくり出す必要があります。それは、いままでのタコツボ型の研究スタイルではできない仕事であることは、いうまでもありません。

この点で、たとえば、近年「政策科学」というコンセプトが浮上してきています。それは、これまでの社会諸科学の成果をとくに「社会マネジメント」という視点から総合しようという新しい試みであります。社会科学の「総合化」の一つの試みとして注目していいのではないかと思います。

「政策科学」といいますと、何かこれまでの社会科学の法則科学としての蓄積を否定したり、あるいはまた、現状肯定的な諸政策にのみ役立つものを思い浮べる向きもあるように思います。しかし、いま関心の高まっている「政策科学」というコンセプトは決してそのような狭い視野にとどまるものではありません。現在、人間社会が解決を迫られてる様々な諸課題の解決策や、現状を変えるために求められる政策的オルタナティブを民主的につくり上げていくためにこそ、今日「政策科学」という新しい学問領域の構築が求められていると考えるわけです※。

※　このような考えに立ち、立命館大学は一九九四年四月、政策科学部を開設した。

もっと自然科学と社会科学の交流を

ところで、そのような新しいレベルの仕事をしようとするとどのような方法なり、研究姿勢が必要となるのかということですが、この点で私は、益川先生の大先輩の湯川秀樹博士がかつて「科学者の創造性」（雑誌『自然』一九六四年十月号掲載）の中でされているいくつかのご指摘を思い出します。

「一口に理解力といわれるものの中には、いろいろな要素が含まれていますが、……それをさらに狭く考えますと、論理的、特に演繹論理的思考力ということになります。……これは創造性を発揮するための土台、あるいは道具として、たいへん大切なものでありますが、それだけでは足りないのであります。」

「人間のいろいろな知能、頭の働かせ方のなかで誰でもある程度そういう能力をもっておって、しかも創造的な働きと一番つながりがありそうに思われるのは類推という働きであります。」

「人間のもつ類推の能力について考えて見ますと、それは明らかに『直感』といわれるものと密接な関係をもっています。」

「人間の創造的思考という問題も、直感と抽象化の協力関係という面から眺めるのが、一つの有力な解決法になるのではなかろうか。」

「抽象化、一般化というプロセスだけが一方的に進行して、骨と皮だけになってしまっては困る。直感の裏で抽象が働いていたように、抽象の働きの裏で、全体をまとめて把握する直感の働きがないといけないと思います。」

引用がちょっと長くなりましたが、湯川博士がおっしゃっていますように、私たちが創造的力量を高めようとしますと、「抽象化」、「演繹」といった科学の基本的な方法と同時に、「直感」とか「構想力」の働きというものが非常に大切になってくるように思います。またそのために、「類推」の能力といったものが非常に重要な働きをするようになります。

そこで私たちは、どうしたらそのような能力を高めることができるのかということが問題となってきます。

武谷三男、杉本榮一ほか著『自然科学と社会科学の現代的交流』(1949年、理論社)の表紙

このような能力を高める即効薬はありませんし、結局日頃からの知的努力が何らかの時に実を結ぶという性格のものだと思います。しかし、一ついえることは、そのような日ごろからの努力の一つとして、自分の専門をはなれた広い範囲の専門の方々と学問的経験や考え方の交流を深めることが、たい

へん重要なことではないかと思います。産業論で述べますと、いわば、異業種間交流でありま
す。

例えば本書の基礎になったシンポジウム（一九九二年五月十四日に行なわれた「大学フォーラム」）などはまさにそういう機会なのですが、私など社会科学を専門にするものが、社会科学の総合的な発展、新しい社会科学の構築をするために、自然科学での学際化・総合化の経験や考え方を学ぶ必要があるし、その成果を内実的に吸収することもいままで以上に必要になっているのではないかと感じています。

戦後間もなくの一九四九年に、物理学者の武谷三男さんと経済学者の杉本栄一さんのリードで刊行された『自然科学と社会科学の現代的交流』（理論社）という本があります。物理学者の益川先生とごいっしょするというので思い出して、取り出してちょっと読んでみているところですが、お二人のそれぞれの学問分野の革新に賭ける真剣さがひしひし伝わってきます。このような試みが、いま新しいレベルで求められているのではないかと思います。

歴史的にいいますと、いままでの社会科学の歴史は、もちろん個々のものが融合する総合化の側面もありましたが、どちらかといいますとスピンアウト的な形で新しい分野がつくられてきた側面が主であったように思います。しかしこれからの時代には、一方では細分化しスピンアウトしていくものを育てていく側面と同時に、育ったものを目的志向的、課題解決志向的に総合して

いくという試みを、抽象論ではなく具体的、意識的にやっていく必要があります。

以上、社会の「情報化」「ボーダーレス化」という事態の展開を念頭におきながら、まずなによりも「総合化」という方向で大学における学問研究の革新を具体的に進める必要があるのではないかということを述べました。これが、第一の点です。

2. 大学における学問研究のあり方――とくに「産学協同」をめぐって

社会化する研究活動と大学の役割

つぎに、大学における学問研究のあり方の問題にふれたいと思います。この点では、ひとことでいって今日「大学の自治・学問の自由」の新しい次元が問われているというのが私の考えです。

いままで、私たちが大学の自治や学問の自由の問題を考えるとき、暗黙のうちに大学というものは社会から切り離されて存在する崇高な学問研究の場、さらにいえば社会で唯一のエクセレントな学問研究の場であり、またそうあらねばならないものとして捉えてきました。「象牙の塔」という言葉がありますが、これはまさにそのような意識を表したものであります。そして、そのような大学を権力からいかに守るかという発想で、問題を立ててきた経過が歴史的にあります。

しかし、益川先生のご報告にもありましたように、現代社会においては私たちの学問研究活動をめぐる状況は急速に変化してきています。これをひとことでいえば、私たちの研究活動は急速に「社会化」してきているといってよいかと思います。いまの社会では、大学は研究活動をする社会機関としてはワン・オブ・ゼムにすぎない。ある特定の分野では、企業や民間研究機関の研究のほうがはるかに高い水準、充実した内容をもつようになっていることは、もう周知の通りです。とりわけ企業の研究所の場合、直面する課題には思い切って力を集中するがゆえに、最先端の領域では相当に高い成果を上げている。この点では、大学はとてもかなわない状況があります。

また、企業でやられているのは応用研究、開発研究で、基礎研究ではないという見方もありますが、これはかなり古い認識であります。企業の研究所でも応用研究と合わせて基礎研究が積極的に進められてきていますし、最先端の応用研究はますます基礎研究の充実と切り離せなくなってきているという事情があります。

IBMのワトソン研究所やAT&Tのベル研究所など世界の一級の企業研究所ではもちろんのことですが、そこまでいかなくても、普通の有力企業であればその研究活動は応用分野だけではなく、基礎的分野へ拡がってきており、かなり底の深いものになってきているわけです。

しかし、それだからといって、大学の役割がまったく相対化されてしまったのかといいますと、決してそういうわけではありません。大学というものは、やはり研究成果のもつ普遍性や基礎的な要素についての人間の認識を高め、応用基盤を広げる機能を社会から期待されています。またそのような成果を歴史的に蓄積しつつ、人材の養成をとおして人的な継承を図っていくことも、大学の固有の機能です。それはまた、学問の研究成果についての社会的な公開性を維持していくための重要な社会的メカニズムでもあります。

問題は、そうした現実的な状況を念頭においた上で、いかにして大学が本当に社会的に責任のある学問研究の発展に寄与していくのかということであります。問題はこのように立てる必要があります。

産学協同と大学の自治・学問の自由の新次元

ご報告のなかで益川先生は、産業界の側が大学を自ら組織に取り込んでいこうとしていると述べられています。これだけ科学研究というものの役割が企業活動のなかで重要性をもつ時代になってきますと、それは営利を目的とする企業の行動様式からすれば、当然生まれてくる志向であろうと思います。そして、この民間企業と大学の関係は、「産学協同」の問題として、これまでも長い間論じられてきた歴史的な課題であります。

しかし、企業の側にそのような志向が働くことがあるにしても、私は、これからの大学は自主的で自立的な立場から企業との間で科学研究のきちっとした交流関係、相互支援関係を結んでいくことは、先ほど述べましたような、大学が学問研究において果たしていかなければならない社会的機能、社会的責任という観点から、いまや避けて通れないことであると考えています。また、企業の側の側面からみれば、これを進めることで、企業が今日求められている企業としての社会への貢献や寄与を責任をもって果たしていく、そのための環境づくりにもつながると考えられるわけです。

企業も、いまやいろいろな面で社会的責任が問われている状況があります。また自らもそれをいかに果たしていくか考えているわけです。企業は莫大な研究資金を保有しているわけですが、他方、今日のように企業が巨大化し、もはや特定の個人の利害によって左右されない社会的な存在となっている状況の中では、それが保有する資金も、一面ではこれはきわめて社会的な資金として存在しているわけです。したがって、これをいかに社会の発展のために寄与するものとしていくかが社会にとっても企業にとっても、非常に重要な課題になっていると思うのです。

そのためには、企業の莫大な研究資金をもう少し公明正大に社会的に還元させていくようなメカニズムを、客観的につくり出す必要があります。

ただ、今日大学と企業の関係を考える場合、資金導入の面だけに焦点をあてて考える傾向が強すぎるように思います。これは歴史的な経過からなのですが、現代的な課題からすると、少し問題を矮小化することにならないかと思います。私は、やはり、資金的な関係もその脈絡の一つとした、全体的な大学と企業の間の研究交流関係、相互支援関係をどのように構築するかという視点が必要であると考えます。大学と企業の間の交流関係のなかには、資金的な面だけではない様々な側面があるわけでして、それらを全体としてどのように展開していくかということが問題です。とりわけ人的交流、研究の共同化などの側面は、もっともっと整備が必要なのではないかと思います。

しかしそれにしましても、確かにこの大学と企業の連携が個別分散的に行なわれると、企業はやはり営利を目的とする組織ですから、そのペースで物事が進んでしまう危険は否定できません。では、大学が大学としての自主性・自立性をどのように確立するのか。率直にいって、資金をもっているのは大学ではなくて企業ですから、企業の資金的な支援をどのような関係でコントロールしていくのか、はっきりさせておくことが必要です。

そこで大切になってくるのは、大学が本当にそのような関係を結ぶ組織として、民主的な自己管理能力をもちうるのかどうかということです。企業との関係というのはいわば「力と力の関係」の世界のことですから、民主的な自己管理能力がなければ大学の側が企業に飲み込まれるという危険を伴うわけです。

けれども、その危険性ゆえに交流関係を避けるというのでは、今日研究活動の社会化が急速に進む状況の下で、大学が学問研究の発展を担う社会的な責任を果たしていくことができないわけでして、大学における学問研究の発展を求めるという立場からすればやはり後向きだといわざるをえません。また企業との交流関係を避けることで、大学の自治・学問の自由が守れるものではないと思うのです。大学の自治・学問の自由というものは、大学が学問研究や高等教育の発展に寄与するという社会的な責任を十分に果たすことによってはじめて、社会から支持され守られるものであるわけです。

ですから、端的にいって、現代の学問研究をめぐる新しい社会化された状況の下で、大学の自治・学問の自由は新しい次元を求めているのでありまして、それは、これまでの通念からしますと全く逆説的に聞こえるかもしれませんが、いま問題になっている「産学協同」あるいは「産官学協同」といわれる社会との研究ネットワークの構築を、大学が民主的な自己管理能力を確立しつつ、どのように主体的・積極的に推進するのかということにかかっているのではないかと、私は思います。

3．大学教育の改革に求められているもの——とくに一般教育のあり方をめぐって

学生の実態をふまえた改革が必要

三番目は、大学教育のあり方に関わる問題です。

益川先生が述べられましたように、京都大学など国立大学では、いま急ピッチで組織改革としての教養部改革が進んでいます。一方、私学では多くの場合、すでにそういうことは問題にならないような「学部縦割り」構造になっています。しかし、専門教育を充実させるという流れの中で、一般教育をどのように扱うかという問題が問われている点では問題は共通です。

たしかに、専門教育に携わる教員の立場からすれば、専門教育をいかに徹底させるかということで学部教育を考えるのは無理もないことです。しかしこの問題は、いま現実に教育を受けている学生がどのような人間的な発達段階で大学に来ているのか、それを出発点として四年間でどのようなことを身につけうるのかという視点、つまり学生の立場から考えないと、対象の分析抜きの形式論にしかならないと思います。

私たち教員というのは、どうしても「教える」という立場からのシステムや体系といったもの、しかもそれまで自分が「良し」としてやってきた伝統的なシステムや体系を前提として考える傾きが強くあります。しかし、今日の状況のなかでは、これがますます「教えられる」側の気持や期待から離れていっているところがあるわけです。私たちは、もっと「教えられる」側の状況を的確につかんでいく必要があります。

そのような観点でみますと、現在、率直にいって私たちが教育の現場で感じますことは、一面では専門教育の場といわれている学部の教育にますます一般教育的要素を強化していかざるをえないような事態が展開しているということです。

それは一つには、現在の後期中等教育までの発達の到達段階を見ますと、学部教育を専門教育の場としていっそう徹底させていくことがますます困難になっているような状況が、対象としての学生の中にあるように思うからです。もう一つは、そのような状況の中で細分化された専門教育を強化しようとすれば、狭い知識は身についても、社会に出てから長く保持できるような専門的な能力を身につけることができないまま終わる危険があると思うからです。要するに、専門的な能力を将来にわたって長く応用力のきく基礎的な専門的能力として身につけていくには、それを受けとめられるベーシックな人間的発達の基盤やものの見方、考え方についての一定の知的成熟といったものが必要なわけです。しかし、そのような応用力のある基礎的な専門的能力を育てていけるような基盤が、少なくとも学部教育の前半段階ではまだまだ未整備ですし、むしろそのような状況がますます広まっているということです。

このような状況をみますと、もはや一般教育の三六単位枠を守るのかどうかとか、専門教育のためにこれをどこまで減らすことができるかとかいった、一般教育サイドと専門教育サイドの領分の取り合いの段階ではありません。カリキュラム全体の中で、あるいは個々の専門科目を進めるときに、広く人格の形成やものの見方、考え方、あるいは一般社会で必要な見識や権利意識の涵養に関わるような一般教育の要素を広げなければ、専門教育そのものが空洞化する危険があるわけです。

そして問題は、もはや評論することではなしに、その課題を具体的に科目の再編成やカリキュラムの再編成問題で緻密にやりとげるところにきている、というのがいまの段階ではないかと思います。

このようないい方をしますと、まるで私は、大学審議会の「大綱化」路線を代弁しているように聞こえるかもしれません。しかし、「大綱化」の問題というのは、文部省の意図とは別に、私たち自身が現実の課題に即して、柔軟に一般教育と専門教育のシステムを考えるという観点からすれば、私たち自身がいまやそのフリーハンドをもちうるようになったというのが、私の感じです。

時代的耐久性のある専門教育のために

——一般教育と専門教育の内実的な協力関係を

時代的な耐久性のある専門教育を行なうには、一般教育的な要素の強化がますます必要になっているという益川先生のご意見は、まったく同感です。

時代による移り変わりが早いという点では、物理学よりも経済学のほうがもっと凄まじいのではないかと思いますが、去年出た本を今年は教材に使えないという状況もあるわけです。これまでは、教材を選ぶときにこれは何年に出たものかを見ていればよかったのですが、このごろは何年の何月に出たかを見ておかないと危ないなどということもある。それほど移り変わりが早いわけです。

教材としてフレッシュなものを選ぶことは、それはそれとして日々の学生の教育においては大切な要素ですから、十分留意が必要ですが、社会科学をやっている人間からすると、そうした目先のことに関わらず、——いやむしろ「関わりながら」といったほうがよいのでしょうか——もう少し長期の視野、歴史的な視野で物事の動きをダイナミックに理解できる素質なり習慣なりをもたせることがたいへん重要だと思うのです。そうしなければ、社会科学の分野で、法律を専門にするにしろ、経済、経営を勉強するにしろ、社会に出て専門的能力が長持ちする人材はつくれないと思います。

ところで、このような課題をどのようにして果たしていくのかということですが、そのために、一つにはやはり固有の一般教育のカリキュラム上の配慮が必要になります。しかし、このような課題はこれを固有の一般教育の枠の中だけで果そうとしても無理なわけです。一般教育のカリキュラムと同時に、学部の専門教育の個々の教科目の内容、また体系の面からの配慮もぜひ必要です。そしてこのような課題のために、一般教育、専門教育が内実的に協同し合う新しいシステムの構築がいま必要になっていると思います。

4. 大学の管理運営をめぐって

大学の社会的責任としての自己革新

最後に、大学の管理運営の問題です。

いま、私たち大学と社会の関係を見てみますと、「大学（あるいは学部）が学生を選ぶ」というものです。しかし十八歳人口の減少ということの中で、ご承知のとおり、遠からず事態は逆転して「学生が大学（や学部）を選ぶ」時代が来ることは目に見えています。そのような時代になってきますと、私たち大学が本当に社会に存在する責任を果たすのであれば、やはり自分自身を革新する、自己革新の能力をもちうるかどうかがますます厳しく社会から問われてくるようになると思います。その点では国・公立大学も私立大学も同じレベルにおかれているのでありまして、まさしくボーダーレスの状況におかれるわけです。

このような状況のなかで、いま大学はみな、多かれ少なかれ、次の時代に向けてさまざまな改革を試みています。ジャーナリズムなどはこれを称して「大学の生き残り戦略」というような見方で注目しているようです。しかし、大学の自己革新というのは、単なる「生き残り戦略」などではありません。大学が本当に自己革新をし、国民、市民の求める教育や研究をやれるかどうかは大学に求められる社会的責任なのです。私たち大学が持っている資源──その資源は、いうまでもなく情報の高度な生産力をもった人的資源ですが──を以上のような観点から十分活用し切っているかどうかが現在の大学に問われているわけですし、これからますます厳しく問われる状況になってくると思います。

そういう観点からすると、私たちはいままで、大学の管理運営やその民主化の問題をあまりにも内向きに考え過ぎてきたのではないかと思います。

たとえば教職員が大学運営のいろいろな問題に参加することが出来るか否かという、大学内部の民主的ルールの実現の問題というのは、もちろん大切なことですが、それ自体が目的ではありません。私たちが取り巻かれている環境の変化に対して、本当に大学が自己革新をし、社会的責任を果たしていくための内在的な組織能力の基盤となるのが民主的な管理運営なのだと思います。環境に対する大学の適応能力、自己革新能力の問題、それを支える管理運営のあり方の問題、そして、それを通しての組織構成員、教職員一人ひとりの自己実現の問題、これらの問題を三位一体で考えなければならないわけです。

大学自治・学問の自由というものを組織の中だけで自己完結的に考える時代は終わったのではないかと思います。

もちろん、私は大学の自治・学問の自由というものは現在も厳然として大学の存立にとって根幹的なものだと思っています。問題は、その大学の自治・学問の自由というものがどのような社会のメカニズムや社会のサポートで守られるのかということなのです。

かつての京都大学の滝川事件以来、大学の自治・学問の自由の伝統的な考え方は、やはりそれを「象牙の塔」としての大学の中の力で守るという図式だったと思います。

しかし、いまや私たちが大学の自治・学問の自由を大学の中で、われわれの力だけで守ると考えることは問題を著しく矮小化してしまうことにならないかと考えます。私は、社会の中で私たちが果たさなければならない仕事をしっかりやっているかどうかによって、大学の自治・学問の自由が守られるのだと思います。

国民の期待に応える高等教育の役割をしっかり果たしているのか、あるいは社会に還元する高い水準の研究ができているのか。現在のわれわれの研究や教育は、先ほど述べましたようにボーダーレス化した状況の中で非常に社会化していますから、この点がきちんとしていなければわれわれは社会からサポートされない。そうなれば、大学の自治・学問の自由を守るといくらいっても空振りだろうと思います。そして、私たちは大学の管理運営というものも、そのような次元の課題を果たすものとしてつくっていかなければいけない。いいかえれば、大学の自治・学問の自由を守るためにかつて以上に大学自身の自己革新能力と自己管理能力が問われているということです。

いかにして大学は自己革新力・自己管理能力を備えるか

先ほど述べた、民間企業との提携の問題に関しても同様です。

大学が民間企業と対等・平等に交流しながら、資金的にいえば民間企業の豊富な資金を吸収する形で進めていこうとすると、大学としての研究・教育力量、大学に求められている研究成果の普遍性や基礎的な要素について人間の認識を高め広げる機能をしっかり果たしていかなければ、社会からサポートされませんし、企業の側に取り込まれるのも当然です。逆に、そこのところをきちんと果たすことがわれわれ自身の革新能力と管理能力でできれば、研究内容についても、資金的にも対等、平等な交流ができ、支援をうることができると思います。

自己革新と自己管理ができないようなところで、民間企業との関係や自治体との関係を格好よくいってみても始まらない。「産学協同」あるいは「産官学協同」を進める上では、むしろ自己革新と自己管理能力が非常に厳しく問われているというのが、私の考えです。

それではどうしたら大学が新しい時代の環境変化に対応した自己革新能力と自己管理能力を備えうるのか。これはいうは易くして、実際にはたいへん難しい問題です。国・公立大学と私立大学には制度的な違いがあり、私立大学にも歴史や組織風土の違いがあって、一様には語れないと思いますが、私は私学におりますので、とりあえず私学の組織の仕組みにしたがって述べますと、抽象的ですが、要は大学を構成する諸組織、つまり、理事会、教授会、教職員組合、それに学生・院生の自治組織、これらの組織がそれぞれ責任や立場は違っているわけですが、まず第一に大所高所から社会との関係で大学がはたすべき責任、そのための具体的な課題を共通の認識とすることが必要かと思います。これができるかどうかが、実は大きな鍵ではないかと思います。そして、そのような共通認識の基盤の上で、それぞれの組織が担うべき課題のためにいかに活力をもって行動できるか、それを通して互いの機能を刺激し合えるかどうかがもう一つの重要なポイントではないかと思っています。これらの組織のどれかの機能がダウンしますと、一時期の局面では、対抗力が減退して、ことが簡単に進むように見える場合もあるのですが、中長期的には、組織全体の活力がダウンし、結局自己管理能力がダウンしてくる。そんなものではないかと思います。

この際、とくに前段の、大学を構成する諸組織の合意形成につきましては、私は立命館大学に所属しておりますが、立命館の全学協議会という組織が一つの参考になろうかと思います。この協議会は、立命館を構成するいま述べましたような諸組織が、定期的に、学園全体の基本政策、具体的には学園の将来計画や財政計画、学費の改訂方針などを論議し、全学の合意形成を図る協議の場です。立命館の全学協議会の何よりの特徴は、学生・院生の自治組織が論議の上で中心的な役割を果たしているのだと思います。もとより、課題によりましては、それぞれの立場の違いがもろにぶっかり合い、激烈な論戦になることも全学の合意形成を図る協議の場です。しかし、そのような一面ではたいへんしんどい論議を通して、学園全体としてのいき方についての共通認識をつくり上げることができるわけであります。立命館の全学協議会は、戦後もう長い歴史をもっていますし、とくに一九六〇年代末から七〇年代前半のいわゆる大学紛争の時期の試練を経て、より民主的に確立されたものとなってきていると思っていますが、もちろんまだまだ理想的なものというものではないかも知れません。しかし、現在の社会状況の中では、相当に有効に機能しているのではないかと考えます。

以上、結論はありきたりかもしれませんが、結局、大学の自己革新能力、自己管理能力というものは、大学を構成するそれぞれの責任、立場を異にする諸組織が対外的には全体として果たすべき課題を共通認識としておきながら、内部的にはそれぞれ固有の責任、役割を十分果たせるようになっているかどうかにかかっていると思います。

まだ、いい足りない部分もありますが、それについては、第二部の討論の中で深めていけたらと思います。

5. 自己革新なしに、大学の未来はない（注。第二部の討論での発言）

二一世紀に向けて、大学進学適齢人口が急速に減少していく状況の中で、大学教育の「質」が厳しく問われる時代の到来が、確実に見通されます。大学進学適齢人口の減少をいくぶん相殺することが期待される要因としての生涯教育の広がりや外国からの留学生の増加も、大学教育に求めてくるものは、やはり「質」の高さであります。

また、今日、先端的な科学技術の発展や人文・社会諸科学の新たな展開が、大学外の様々な組織や個人の担い手、とりわけ民間企業の活動も巻き込んで急速に進みつつある中で、大学が担うべき学問研究の水準、とりわけ基礎的な研究分野での水準を飛躍的に高めることが社会的な責務として求められています。

今日の大学は、このような課題に応えていける存在なのかどうか。これが、今回のフォーラムを通して問われてきたことであったかと思います。

このフォーラムを通して、強調されてきましたのは、一つは、これは改めていうまでもないことでありますが、社会的な課題の大きさとは対照的な、今日日本の大学が置かれている教育・研究条件の劣悪さであります。また、そのような全体としての劣悪な条件の中で、さらに格差を助長するような制度的・組織的な諸要因の存在であります。この点は、日本の科学技術・学問の将来の創造的な発展に暗い影を投げかけるものとして、すでに社会的にも大きな問題となりつつあるものです。

このような教育・研究条件の問題は、今日どれだけ強調しても強調しすぎということはないわけですが、しかし同時に考えてみなければならないことは、今日、私たちの大学が、自らの擁している教育・研究資源を本当に有効に活かし、その力量を発揮させているのかどうかという問題であります。条件的に様々な制約をもっているとはいえ、今日私たちの大学は国・公立であれ私立であれ、社会的にみれば相当に大きな教育・研究上の資源を擁しています。この社会から託された資源を、変化の著しい今日の社会的・国民的な教育・研究上の課題に則して有効に力が発揮できるように活かし切っているかどうかということです。

私がこのフォーラムで特に強調したのは、この点、つまり大学自らの自己革新、自己管理の問題であります。私は、決して条件の問題を軽視したりするものではありませんが、今日の大学問題が論議となる際、とかくこの劣悪な条件の問題に論議が傾斜してしまい、これを告発することで終わってしまう傾向は否めなかったように思います。しかし、今日、この条件の問題を社会の圧倒的な支持のなかで解決していくためには、大学自らの内部の問題を同時に提起しなければならないところにきていると考えます。

これまで「大学が学生を選ぶ」時代には、その辺がいくぶん甘くてもやって来れたかもしれません。しかし、「学生が大学を選ぶ」時代、大学の教育・研究の「質」が問われる時代にあっては、大学自らの自己革新能力、自己管理能力が社会から厳しくチェックされるわけであります。そして、このような能力を備えることが、社会から支持されて条件向上を実現していくことにつながるわけであります。自らの自己革新能力、自己管理能力を問うことは、条件向上の課題と決して別ではないわけです。

それでは、今日の大学が自己革新能力、自己管理能力を高めるには、どのような努力が必要かということです。これについては、問題提起の中で述べましたので繰り返しになりますが、私が特に強調したかった点をもう一度箇条的にまとめてみますと、以下のようなことになります。

第一は、教育革新を考える場合、教員の私たちがとかく欠落しがちな点ですが、教育の「受け手」としての学生の変化しつつある現実の状況をよく踏まえる必要があるという点です。このようにいいますと、大学教育を学生の実態に妥協させてはいけないという声をきくこともありますが、実態を踏まえた改革と、実態との妥協とは別のことです。

第二は、大学の教育・研究活動というものを大学という世界だけの専有物とは考えず、今日ますます「社会化」し、社会の様々な担い手によって展開されている教育・研究活動の一環として、まず客観的に位置づけることが必要です。そしてその上で、大学というものが今日固有に果たさなければならない課題を認識し、それについては責任をもって果たしていくという視点が必要かと思います。このような位置づけの中で、大学の自己評価の課題も、積極的な課題、必然的な課題として浮かび上がってくるのではないかと考えます。

第三は、大学の固有の役割の一つとして、自然科学にしろ、社会・人文科学にしろ、絶えず新しい分野を切り開いていく課題がありますが、このような課題を追求していく点で、学問分野間のいわば「異業種交流」がもっともっと必要ではないかということです。とくに、今日私の専門分野である社会科学では、地球環境問題や南北間の経済格差の問題などグローバルなレベルでの様々な人類史的な解決課題が山積していますが、これらの諸課題の解決をめざす実践的な社会科学を構築するためには、これまで確立してきた諸分野の大胆な「総合化」が不可欠です。そして、このような作業を進めるためには、とくに社会・人文科学と自然科学とのさまざまなレベルでの学問的交流の機会を拡げることが不可欠なのではないかと考えているわけです。

第四は、とくに大学の自己管理能力に関わることですが、この力量を高めるためには、大学という組織を構成している様々な構成員がそれぞれ自治能力をもち、それぞれが自由な発言力をもつような全体的な組織風土が必要だということです。この点では、最近の社会状況もあり、一般には軽視されているようですが、教育の「受け手」としての学生・院生の自治能力や発言力が、大学の自己革新能力の面からみても自己管理能力の面からみても重要な要素ではないかと考えています。

挙げればまだまだあると思いますが、とりあえず経験的に気のついたものをいくつかあげてみました。

いずれにしましても、大学も例外ではなく、その他の社会の様々な組織や機関の場合と同様に、「自己革新なしには、未来はない」というのが、私の主張したかった点であります。

3 京都における大学のネットワーク化

――「京都・大学センター」計画――

〔一九九四年〕

〔解説〕

この稿は、一九九四年一一月二四日、当時立ち上がったばかりの京都・大学センターの紹介を請われて、このセンターづくりに関っていた筆者が大阪科学技術センターの第四八回学術研究都市部会で行なった講演をまとめたものである。

京都・大学センター設立の基礎になったのは京都市大学21プラン策定委員会の答申『大学のまち・京都21プラン』(一九九三年三月)であるが、筆者は策定委員会の下のプラン検討委員会のメンバーの一人として、答申原案の執筆にも当たった。そのような縁もあり、一九九三年七月からの京都・大学センターの設立に直接関わることになり、一九九八年、現在の大学コンソーシアム京都スタートの直前まで京都・大学センターの運営委員の一員を務めた。

本講演の当時、大学設置の「大綱化」を打ち出した大学審議会答申(一九九一年)の刺激もあり、大学改革が各大学で動き始めていたが、その動きと連動して、大学と地域振興の関連にも関心が集まっていた。それは、各地での大学誘致の動きともなっており、一九九四年四月、滋賀県の誘致で実現した立命館大学のびわこ・くさつキャンパス(BKC)もその代表的なものの一つであった。大学と地域との関連に関わってのもう一つの動きは、地域における大学連携の動きであった。当時地域大学連携の動きは、東京の八王子地域、多摩地域や関西の西宮地域などが注目されたが、その最大のものは京都・大学センターの立上げであった(一九九三年七月設立推進会議発足、九四年度より正式に動き出した)。それは全国各地での同種の動きのモデルとなった。京都・大学センターはその後、日本の大学コンソーシアムを代表する、今日の「公益財団法人大学コンソーシアム京都」に発展した。

この稿は、大阪科学技術センター学術研究都市部会報『Science City Journal』一九九五春号(第二五号)に所収された。

1．バーチャル・ユニバーシティ

昨今、「バーチャル・コーポレーション」という言葉が使われるようになっておりまして、「バーチャル」というコンセプトが最近いろいろな所で応用されつつあります。バーチャル・リアリティということが話題になり、そこからバーチャル・コーポレーションというコンセプトも生まれてきたのではないかと思います。日本語に訳しますとイメージが湧きにくいのですが、いままでの制度的な枠組み、資本のつながりを超えて、目的的にいろいろなネットワークを構築して仕事することが大きなメリットを生み出すようになってきた、ということを反映しているのだろうと思います。

大学の世界でも、「バーチャル・ユニバーシティ」という言葉が注目されてきております。少し前に新聞で（一九九四年九月五日『日本経済新聞』）「仮想大学構想が始動」という記事が出ました。情報ネットワークを活用して、遠隔地で受講可能な講義のネットワークを大学間につくろうということです。来年（一九九五年）の春から日本の中心的な、二〇校ほどの大学がインターネットを使い、お互いに授業の交流をするという試みも現れてきています。バーチャル・ユニバーシティとは、いままでの大学の制度の枠組みを超えた新しい大学の出現ということで捉えてよいと思います。

バーチャル・ユニバーシティというコンセプトを使わせていただくとしますと、それにもう一つのタイプのものがあるのではないかと私は考えています。それは、顔と顔が直接見えるような範囲内で、そういう意味ではもっとローカルで、地域性のあるところでのバーチャル・ユニバーシティであります。

したがって、バーチャル・ユニバーシティには当面二つのタイプがあり、国内にとどまらず、グローバルな大学間での目的別のつながりをつくっていくことが一つ。もう一つは、京都とか大阪とか神戸という、本当に人が直接行き来できるような範囲内での、しかしいままでの大学の制度や枠組みを超えて、もっと目的的につながって実際に大学の機能を果たすような組織ができうるし、できつつある。これがもう一つのタイプだと思います。

私どもが取り組んでまいりました「京都・大学センター」という組織、あるいはそのなかでの単位互換制度というものは、今日の流れからしますとそういう位置を占めるのではないかと思っています。

2. 京都・大学センター計画の背景

京都の大学の現状

京都には現在、京都市域を超えて京都府下まで含めますと、合計四九の大学と短期大学があります。四年制大学が二五、短期大学が二四です。短期大学を併設している大学もかなりありますので法人としては同一という場合も多数ありますが、大学という数だけを勘定しますと、京都市を中心にしまして四九の大学・短期大学があります。国立、公立、私立、それぞれ設置主体が違うものも含めてです。京都市内だけでみますと、三九です。

もちろん京都市域から少し外れた地域の大学もありますが、京都という比較的コンパクトなまちのなかに、五〇近い大学・短期大学が集積をしています。こういうまちの構造は、日本でもあまり多くはないだろうと思います。最近、東京の八王子地域が比較的似たような状況になりつつあると聞いておりますし、西宮市でも大学が比較的集中しているということで、同じ関心をおもちのようです。

いずれにしても、京都という比較的小さなまちのなかにたくさんの大学・短期大学がありま す。しかも京都のまち柄のこともありまして、京都の伝統的な芸術を担っている大学があったり、あるいは宗教系、特に仏教系の背景をもった大学も多く、それぞれが独特の設立の趣旨、理念をもっておられまして、いろいろ特徴を持った講義、授業を展開しています。

京都市側からの背景

このように四九の大学・短期大学が存在しているという状況をどのようなものとして理解するのかというところから取組みは始まったように思います。きっかけは、主だったいくつかの大学で（以下、大学というとき、短期大学を含めての意味です）、一九八〇年代後半から学部や大学の主要な部分を京都市域以外に移転するという事態が続いて進んだことです。私ども立命館大学も理工学部を平成六年（一九九四年）四月に滋賀県草津市に拡充移転しました。京都にある大学が新学部をつくる際に、他府県とか他の地域につくることもありました。京都市から大学の流出が続くということが数年前に話題になり、市議会などでも重要な論議になったように思います。何とかこの流出を止めなければ、まちの活性化は非常にダメージを受けるのではないか、という京都市サイドの危機感が直接のきっかけになったように、私は感じております。

京都市は建物の高さ制限の問題もありまして、学舎を高く建てられない。また、風致地域とか工場等制限区域などの制約もある。そういう中で、大学が新しいキャンパスを展開しようとすると市外へ移転せざるをえない。このような流出の問題は国立大学を含めていまも継続している状況です。そこで京都市が、「京都における大学の存在をまちの一つのインフラストラクチュアとして評価して、まちづくりに貢献してもらえるような仕組みを考えられないか」という考えをもちはじめたのが、一つの流れであります。

京都市の人口は現在一四五万名ぐらいですが、学生数は約一四万名です。もちろん関西の近隣府県から通学している学生がたくさんおりますが、京都の大学に在籍している学生はほぼ一四万名です。そうしますと人口のほぼ一割です。

大学が京都市に集積し、かつ学生諸君が通学し、また教職員が住んでいるということを含めて、あるいは様々な学術活動、教育活動が行われていることを含めて、京都市の経済にどういう貢献をしているのかということを、私どもの大学で計量的に算出したことがあります。その結果、京都市のGNPのざっと一割の貢献であるという結果が出ました。京都市当局としても、大学・学生が存在していることの意味は、経済問題として考えても大きなものがある。もとより大学・学生がこれだけ存在しているということは経済問

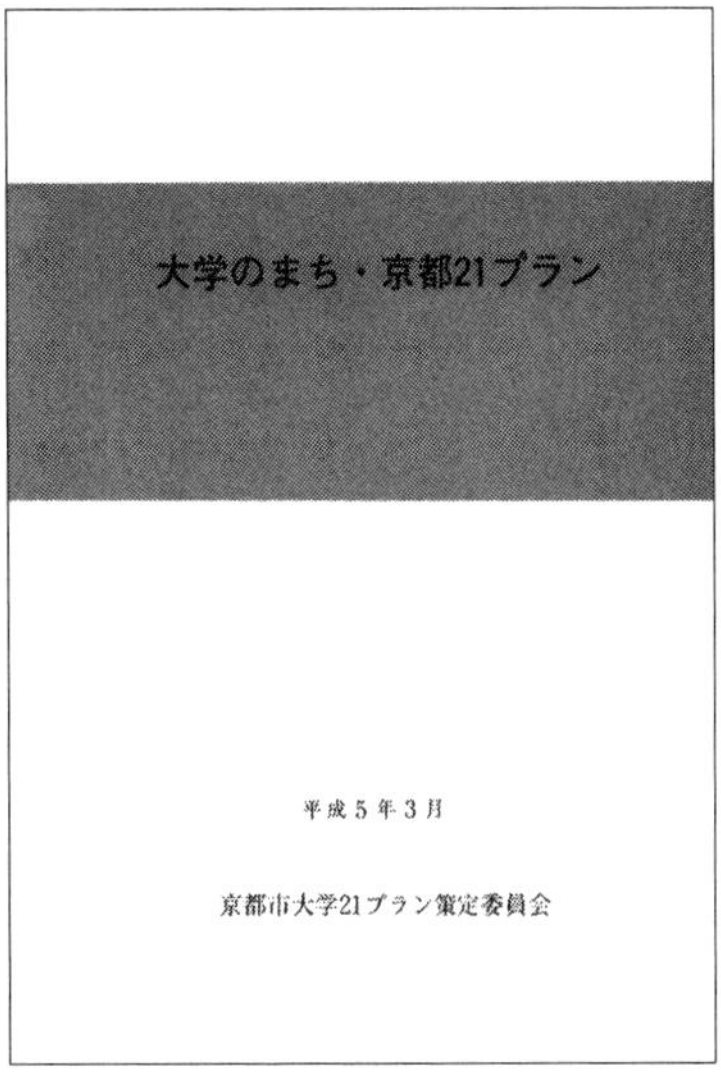

京都市大学 21 プラン策定委員会の答申『大学のまち・京都 21 プラン』(1993 年 3 月)の表紙

題を超える京都というまちの非常に重要な資源であります。そこから、一二〇〇年の歴史を持つ京都のまちのなかでこれをどう守り、まちづくりにどう貢献するようにしていくか、そういう発想になってきました。つまり、大学・学生の存在を京都というまちのいわばアカデミック・インフラストラクチュアとして位置づけようという発想になってきたわけです。

そして、『大学のまち・京都21プラン』が二年前に京都市のリードでつくられたわけです※。このプラン自体には、大学関係者がかなりたくさん参画しております。策定委員会のチーフには京都大学前総長の西島安則先生が就任され、私もその下でのプラン検討委員会に関わらせていただきました。

※『大学のまち・京都21プラン』は一九九三年三月に公表された。

大学側からの背景（一）──「大学・冬の時代」

この京都・大学センターに至る動きの中で、大学サイドにもこれに積極的に呼応する背景がありました。

大学が京都というまちに存在し、教職員一人一人もそこで活動している時に、大学として京都というまちをどのように評価するのか、あるいはどういう恩恵をこうむっているのかということを、真剣に考えざるをえない状況がありました。

その背景には、大学側のかなり深刻な状況があります。いま、「大学・冬の時代」といわれて、ジャーナリズムなどでも話題になっています。一八歳人口は一九九二年の二〇五万名をピークにして、急減期に入っております。去年生まれた方は一二〇万名台にまで減っているように聞きますから、下げ止まるところがまだわからない。一八歳という年齢人口を大学へ来ていただく適齢人口と前提にして考えてきた大学の立場からしますと、極めて深刻な問題です。

わかりやすくいうと、いま京都に一四万名の学生が来ておりますが、一八歳人口が減っていきますと、「京都に同じ数だけ学生さんが来てくださるのかどうか」という不安がある。学生さんが来てくださるようにするには、京都の大学として、一つ一つの大学がそれぞれ特色のある、魅力的な大学にしていくこと、あるいは社会に貢献できる大学にしていくことは当然必要なことです。

しかし、それと同時に京都というまちの中で、大学が全体として魅力的なものにならなければならない。その点で、京都というまちは、大学の存在にとってたいへん重要なインフラストラクチュアになっているのではないかということを、「大学・冬の時代」という状況の中で、各大学の関係者が改めて真剣に考えざるをえなくなってきたわけです。

大学側からの背景（二）──大学設置の「大綱化」

それからもう一つ、一九九一年に政府の大学審議会から、いわゆる大学設置の「大綱化」の方向が出され※、自由化が進みはじめたわけです。いままでは、大学のカリキュラムにしろ、設置の仕方にしろ、規制が厳しかった。それが、「大学は一二四単位を取れるような仕組みだったら、外国語、一般教育、専門教育、どういう格好でやってくださっても結構です」ということになってきた。例えば、それまで大学では一般教育は三六単位でしたが、「そういう枠はもう結構です」ということになった。こうして、いわゆる大学設置の「大綱化」ということで、履修の仕組みをかなり自由につくれる条件ができたという経過があります。

※　一九九一年二月八日の大学審議会答申「大学教育の改善について」による。

このことが全国的に各大学ともいろいろ仕組みを工夫する動きにつながりました。最近、大学の様々な改革が新聞で話題になったりしますのも、この大学設置の「大綱化」の流れのなかでのことです。

この流れのなかで、京都府下も含め四九の大学が自分自身の改革を進めると同時に、お互いに手を結んである種のコンソーシアムをつくって、新しい仕組みのもとで、一つの大学ではできないインフラストラクチュアを、つまり一種のバーチャル・ユニバーシティを京都というところでつくってみたらどうかと、大学関係者が誰がいうともなく感じはじめたのがもう一つの大きな流れです。

3. 京都・大学センター発足までの経緯

前の京都大学総長の西島先生がおっしゃっておられる一つの発想があります。京都というまちはそもそも日本の「大学（最高学府）」のルーツの場所である。遡れば一二〇〇年前に比叡山延暦寺ができた。延暦寺はその後、日本の仏教の展開の拠点として、したがってまた今日まで日本の文化の一つのルーツとして大きく寄与した。いい換えれば、延暦寺は日本最初の「大学」、さらには世界最初の「大学」であったといってもいいのではないか。そういう大学のルーツをもつまちだから、「大学というものをさらに百年の計でどうつくっていくのか」という努力を、京都市当局も、あるいは大学サイドもやるべきではないか、と呼びかけられました。

京都市サイド、大学サイド、それぞれ直接のきっかけは、厳しい問題、現実的な問題からスタートしております。それが、将来のまちづくりであったり、あるいは新しい時代の大学創造であったりという大きな志の問題にだんだん進んできました。

この京都・大学センター設立に至るまでのプロセスで、大学と行政の関係が非常にうまくいったことが成功の主要なポイントであったと思っています。実際には大学と行政というのは、かなり微妙な関係にあります。大学という組織は、外部からいわれてやるということについてはたいへん抵抗の強い組織です。大学の自治とか学問の自由がかねてから非常に意識されてきた世界です。それだけ、例えば、行政が大学に「まちづくりのためにこういうことをしてほしい」といわれますと、それが利益になると感じた場合でもなかなか乗りにくいという、非常に難しい面があります。

そういう意味で、大学の自主性と行政サイドの積極性とがうまくドッキングできるか、できないか。これが、京都のまちづくりプランのなかで大学センターの構想がうまく動き出すかどうかのたいへん重要なポイントであったように、私自身は感じております。

そういうこともありまして、「大学のまち・京都21プラン」の最終答申が出される前に、学長の方々の独自の集まりをお願いして、大学センターのような、京都の四九の大学（具体的には、**資料2―1**を参照）が連携する組織をつくり、新しい京都のまちのアカデミック・インフラストラクチュアをつくっていくことについて話し合いを持っていただきました。そして、そのことが京都市民の皆さんの学習機会などの充実に寄与すると同時に、京都の大学自身にとっても、新しい魅力的な教育基盤をつくり出すことになり、「大学のまち」としての京都の発展に大きく貢献することになるということで、大学サイドからの訴えを京都市に強く出させていただいた経過があります。

この大学サイドからの要望と、京都市サイドのまちづくりプランとがうまくドッキングした。それで、この大学センター構想がうまく動きはじめ、京都市、さらに京都府の積極的な支援をお願いできるようになったと理解しております。

一九九二年一〇月に京都市のまちづくりプラン作業がスタ

資料2－1　京都・大学センター参加大学・自治体（1994年度）

〈京都府立大学〉
京都府立大学
京都府立大学女子短期大学部
京都府立医科大学
京都府立医科大学医療技術短期大学部
〈京都市立大学〉
京都市立芸術大学
京都市立看護短期大学
〈私立大学〉
大谷大学
京都外国語大学
京都学園大学
京都産業大学
京都女子大学
京都精華大学
京都造形芸術大学
京都橘女子大学
京都薬科大学
光華女子大学
種智院大学
同志社大学
同志社女子大学
ノートルダム女子大学
花園大学
佛教大学
明治鍼灸大学
立命館大学
龍谷大学
成安造形大学
池坊短期大学
大谷大学短期大学部
華頂短期大学
京都医療技術短期大学
京都外国語短期大学
京都経済短期大学
京都芸術短期大学
京都女子大学短期大学
京都短期大学
京都文化短期大学
京都文教短期大学
光華女子短期大学
嵯峨美術短期大学
成安造形短期大学
西山短期大学
聖母女学院短期大学
同志社女子大学短期大学部
龍谷大学短期大学
平安女学院短期大学
〈自治体〉
京都府・京都市

※国立大学について、現在は各プロジェクトに正式参加

（注）大学のラインアップは、当時の京都・大学センターの広報資料のまま。

ートして、翌年の九三年三月に答申が出るわけですが、大学サイドの動きもほとんど同時に起こっておりまして、京都と滋賀の学長による京滋地区私立大学学長懇談会、その中での有志の学長の方々の懇談会も並行してやっていただき、ちょうど京都市の答申が出る時には大学サイドも準備の組織をつくっていくことになりました。そして一年後の九四年三月に京都・大学センターを正式発足させるに至ったわけです。

4．京都・大学センターの理念と事業

理念

この組織の理念は四つありますが（資料2―2を参照）、整理しますと、一つの大きな柱は、京都の大学が連合（コンソーシアム）をつくって、それを京都のまちづくりに役立たせるというコンセプトです。もう一つは、同時に大学間の連携そのものが大学の研究や教育の新たな発展に貢献するというコンセプトです。つまり、京都にある大学相互の関係と、京都というまちでの大学と地域の関係、この両方の面で大学が貢献する。このような謳い文句になっております。

それで、この組織で何をするのかということですが、これについては、種々議論してきました。

資料2－2　京都・大学センターの基本理念

1．現代社会と新しい学問的パラダイムの構築

21世紀に向かう科学技術・学術文化の発展と国際的、国内的な政治、社会、経済、文化の構造変化の中で、国際的な政治経済秩序の再編や民族・宗教をめぐる諸問題、またエネルギー、環境問題など、新しい世界的、地球的規模の諸課題が山積してきている。このことを自覚し、様々な領域・分野で、そうした課題に対応した新たな学問的パラダイムの構築とそれを実践的に担う多数の有為な人材の養成を目指す。

2．大学連合都市京都における新しい人づくり・まちづくりへの貢献

今日、京都に存立する各大学は、1200年におよぶ伝統的な文化都市の遺産の上に集積しており、京都の都市特性と密接に結びつきながら発展してきた。これら京都の各大学は、今日、広く全世界へ科学技術、学術文化の発信拠点としての役割を果たし、世界を代表する学術文化都市京都の基盤を形づくっている。将来にわたり、京都の各大学はそれぞれの大学のもつ個性と特色を一層伸長させながら、同時にゆるやかな連合を形成しつつ、その個性と特色を共同の場で発揮することによって、世界への創造的な学術文化の発信と人材の養成により一層積極的な役割を果たし、新しい京都の人づくり、まちづくりに貢献する。

3．大学間交流による新たな教育システム・学問・芸術の創造

今日、大学は社会におけるその役割と存立意義を改めて問われる時代を迎えている。このような状況のなかで、各大学はそれぞれの理念を明確にし、改革に努力している。しかし、大学はそれとともに、現在、自らの社会的な役割を果たすために、個別大学を越えた共通課題が存在することも自覚する必要がある。

「大学センター」は、個々の大学の枠を越えた共同事業を展開することによって学生間、教職員間の多様な交流を促進し、京都ならではの新たな教育システムを独創的な学問・芸術の発展をはかり、有為な人材の養成に積極的な役割を果たすことを目指す。

4．大学の社会開放と生涯学習システムの開発

社会活動のグローバリゼーションや人々の知的生活の向上、生活価値観の変化などによって、高等教育への要請が多様化し、高度化している。とりわけ、京都は伝統的な学術文化都市、国際都市であり、市民の高等教育への関心は格別に強いものがある。このような状況に対応するため、大学を一段と社会に開かれた存在とすることに努める。その方策の一つとして、特に生涯学習システムの開発を重視し、そのための高度で多彩なカリキュラム、柔軟な受講システムの開発を様々な角度から目指す。

（注）京都・大学センターの設立準備資料より。

大学というのは何かをやろうとする場合、教員のサイドからすると伝統的に「研究をどう発展させるか」ということがまず話題になります。研究はたいへん大切だし、大学の支えは研究であるわけです。

しかし学長の先生方がいろいろ議論された中で結局行き着いたのは、「学生たちに何かできるのか」ということです。「まず何よりも大学はそもそも学生があって存立している。京都にいる学生たちに対して、京都の大学がどのような独特の魅力ある貢献ができるのかということから、まずはじめよう」と。だからといって研究サイドの問題とか、その他のことをやらないわけではありません。しかし「最初の事業として何をするか」という議論をされた時、大学における教育機能がお互いに結びつくことで、いままでできなかったことを展開しようではないかというのが、行き着いたところだったと思います。

最初の事業―単位互換

そこで、「大学の教育機能でお互いに連携することで何かできるのか」ということになったのですが、そこで浮上したのが単位互換だったわけです。

単位互換という仕組み自身は珍しいことではありません。これまでも、例えば私どもの大学と近隣の大学とが単位互換をしております。あるいは国立大学間で単位互換の仕組みがあります。

しかし、いずれも細々としたもので、実際にはそれほど積極的に使われているとはいえません。これが実態です。現在の制度では、三〇単位以内であれば他の大学で単位を取っても認定できるという制度になっています。

使えば自由にできる仕組みではあるのですが、これまで大学間の単位互換が大々的に展開したケースはないわけです。というのは、「必要な授業は自分の大学でだいたい充足しているのだから、わざわざよその大学へ行って単位をもらってくることはない」と、かなり閉鎖的な考えが残っているわけです。

そういう中で、単位互換という仕組みをもっと大々的に地域で展開できないかと考えたのが、京都で考えた一つの仕組みです。要するに、京都・大学センターに入っている全大学が一気に単位互換の仕組みに乗れないか。こういう発想をしてみた結果生まれたのが、京都の単位互換システムということです。

この単位互換システムは、それぞれの大学が「これぞわが大学の特徴を表すもの」だとか、「この講義なら広く興味をもってもらえる」という講義を提供して、単位互換のための提供科目の束をつくり、三〇単位の範囲内で学生に自由に単位を取らせるという仕組みです。

率直にいいますと、他の大学へ単位を取りに行かせることについて、最初は大学間で相当躊躇がありました。そこで、呼びかけの主要な大学がまず「隗よりはじめよ」で、例えば同志社大学とか、龍谷大学とか、私どもの立命館大学とか、大きなところが「やります」と打って出ましたら、その動きが加速して、結局今年は二八の大学が五一の科目の束を提供することになりました。これはいままでなかったケースですから、文部省にも「こういう単位互換は大学設置の趣旨に照らして違反してないでしょうね」と尋ねましたところ、「二八の大学が一拠に単位互換をやるという話は聞いたことがないが、法規的に見て全く違反していない」ということでした。

来年度はさらに大学が増えて、八〇科目ぐらいの束ができることになります。先ほど「バーチャル・ユニバーシティ」と申しましたが、三〇単位の範囲内ですけれどもある種のバーチャルな大学ができたということなのかな、という思いをもっているわけです。（平成六年度の単位互換・共同講義開設科目一覧は、**資料2―3**を参照。）※

※　二〇一一年度には、京都市域を中心に四九の大学・短期大学が単位互換包括協定を締結し、五六〇の科目が提供されている。

単位互換のインパクト

一年目の前半期を終わってアンケートなどで、参加学生の感想、担当した先生方の感想を集約したところでは、学生、先生方とも大体良好な反応が返ってきています。それぞれの立場から積極的な評価が出てきております。予想以上に大きい効果があったと思われるのは、大学間の評価

資料２－３　京都・大学センター単位互換・共同講義開発科目（1994 年度）

大　学	科目：サブタイトル
池坊短期大学	日本文化における茶・花・香
大谷大学	真宗学講義：歎異抄のこころ／真実の探求者・親鸞の信仰
大谷大学短期大学部	仏教概説：仏教の根本教説と大乗仏教の思想
京都芸術短期大学	伝統芸術論：伝統芸能の系譜
京都芸術短期大学	地域研究：シルクロードフィールドノート―仏の道・玄奘三蔵の足跡を辿る（現地研修）
京都芸術短期大学	地域研究：遺跡庭園から名勝庭園まで―ヨーロッパ庭園の旅―(現地研修)
京都芸術短期大学	地域研究：芸術と文化・人類の美の世界―システィーナ礼拝堂の美―(現地研修)
京都橘女子大学	女性史研究：古代・中世を生きた女たち
京都橘女子大学	演劇史・日本の芸能：京の芸能
成安造形短期大学	現代美術論：タピストリーからファイバーアート（繊維造形）へ
成安造形短期大学	ファッション情報論：ファッションと地場産業
聖母女学院短期大学	キリスト教教育学
同志社大学	京都経済の近代化と産業発展（商学部特講）
同志社大学	京都経済と 21 世紀産業（商学部特講）
佛教大学	生涯教育論：生涯学習社会における教育
立命館大学	自然科学概論Ｉ：超常現象を科学する
立命館大学	家族法：多様なライフスタイルを求めて―国際家族年と家族法改正を考える―
池坊短期大学	華道と現代生活：池坊（免許状発行予定）
池坊短期大学	茶道と伝統文化：表千家・裏千家（免許状発行予定）
京都外国語大学	現代中東事情史
京都外国語短期大学	対英語圏コミュニケーション
京都学園大学	企業経営と法
京都学園大学	経済カレント講義ＩＡ：白書を読む
京都学園大学	経済カレント講義ＩＢ：今週の日経新聞を読む
京都経済短期大学	生産管理論
京都経済短期大学	情報企業内分析
京都精華大学	環境と文明Ｉ．Ⅱ
京都精華大学	総合口座Ⅱ：エイズ
京都造形芸術大学	歴史：飛鳥京から平安京まで／シルクロードフィールドノート
京都造形芸術大学	日本文化論：茶の文化史
京都造形芸術大学	心理学：戦争における罪の意識
京都文化短期大学	マスコミ概論
京都文化短期大学	茶道文化論
京都薬科大学	倫理学：生命の倫理
京都薬科大学	政治学
光華女子大学	比較文学：前期／ラフカディオ・ハーンについて、後期／三島由紀夫と英米文学
光華女子短期大学	世界の民族と文化：遊牧社会の歴史と現状
光華女子短期大学	世界の民族と文化：民族の音楽
光華女子短期大学	生活情報論：情報社会と情報技術
嵯峨美術短期大学	デザイン思考法Ｉ
嵯峨美術短期大学	東西の表現思考
種智院大学	密教学概論
種智院大学	社会福祉学原論
同志社大学	製造物責任論（商学部特講）
同志社女子大学	消費経済学
同志社女子大学短期大学部	初期キリスト教の源流
平安女学院短期大学	人間関係論実習：体育の服装で畳部屋で授業、夏期休暇中に特別養護老人ホームでボランティア実習
平安女学院短期大学	Business Communications（A）
平安女学院短期大学	文学研究：女性と文学……カラーパープルを読む
龍谷大学	日本語史：現代日本語の成立過程を歴史的にたどりながら講述する。
龍谷大学短期大学部	老人・障害者の心理

（注）大学、科目の掲載は、当時の京都・大学センターの広報資料のまま。

に関わるものです。

つまり、この単位互換というのは大学間の相互評価の仕組みとして働いているわけです。例えば、ある大学のある講義は学生が溢れて、定員一杯でご遠慮いただくという状況も出てきました。しかし、ある大学では開いてはみたけれど学生の参加がかんばしくないという状況もありました。また、たくさん学生は来たけれども、「あの大学のあの講義はこういうところがちょっと問題があるよ」と評価されることもあるわけです。

要するに、五一科目の単位互換システムの中で、学生たちは合計で約一、九〇〇名が大学間を流動しました※。例えば、立命館大学の学生ですと、立命館にない仏教学の講義を大谷大学で聴いて「よかった」とか。あるいは池坊短期大学で生け花の講義があったり、京都芸術短期大学で歌舞伎の講義があったりしますと、他の大学ではめったに経験できない講義が聴けたとか。そういう声が圧倒的なのですが、その中で厳しい側面も出てくるわけです。学生がお互いにキャンパスを行き交うようになる、他大学の講義を聴く、そういうことが相当厳しい相互評価につながるという雰囲気をもちはじめているわけです。

※　二〇一一年度には、約五、七〇〇名の学生が単位互換科目に受講登録した。

この単位互換の仕組みは、京都というまちに大学教育の一つの環境として非常にユニークなものができると同時に、お互いに厳しさが出てくる側面をもっています。ですから、初年度に、ある大学がある講義をオープンにした。しかし学生があまり来なかったとしますと、「これではいけない。もっと魅力のあるものをつくろう」ということで、二年目は工夫に取り組む。実際にそうなっているわけです。そのように、お互いに講義の質を高めることに作用しているわけで、思いのほか強いインパクトが大学間に生じていると感じております。

大学センターの事業エリア

京都・大学センターの単位互換という仕組みは、顔を合わせられる地域といいますか、そういう範囲で実現できているという制約をもっていると思います。例えば、これが大阪あるいは神戸まで含めた単一のものになるかとなると、率直にいって、学生が大学間を交流する時間の問題があります。京都の中でも立地は様々で、学生が移動しやすい場所と、必ずしもそうでない場所があります。例えばある大学が講義を持ち出す場合に、ちょっと立地が悪いので烏丸通りの地下鉄沿線の大学のキャンパスを借りて開講するということもやっております。そういう意味では。地域性の高い仕組みではないかと思っています。

ですから、京都地域、大阪地域、神戸地域、西宮地域など、大学が比較的集積した所で、まずコンパクトな仕組みをつくって、さらにその地域間に何かのネットワークができるということであれば、また面白い事業ができるのではないかと思います。

大学センターの運営

大学センターの運営について申しますと、今年の予算は学生一人当たり二〇〇円という基準で、加盟している大学が実際にもっておられる学生数に応じて負担する仕組みになっています。また京都市からのいろいろな委託事業も受けております。予算規模は今年で申しますとほぼ五、〇〇〇万円ぐらいでしょうか。組織はまだスタートしたところですので、職員は、専任

資料２－４　京都・大学センター運営機構イメージ

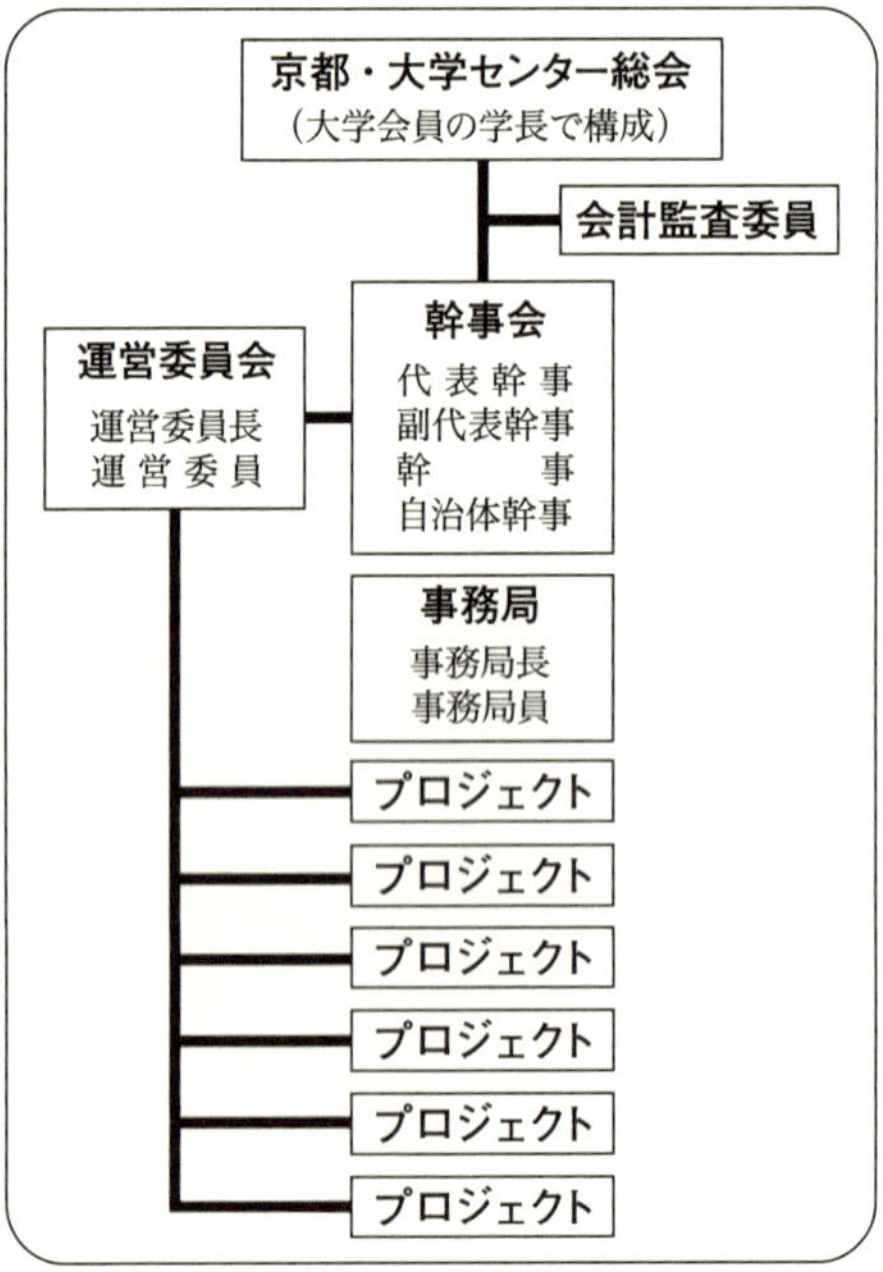

が一人、大学からの出向が二人で、それに嘱託二人という小さな世帯で運営している状況です（**資料2―4**を参照）。

※　二〇一一年度時点では学生一人当たりの大学負担金は一、〇〇〇円である。現在の「大学コンソーシアム京都」の事務局を支える職員は約六〇名、予算規模は約四億円になっている。

京都・大学センターのこれから

京都・大学センターの事業をさらにこれからどうするかということについては、現在いろいろ検討中ですが、一つは現在の単位互換システムを大学院に延ばしていく必要があるのではないかと、私自身は思っております。大学院を連合組織の中でつくっていく必要があるのではないか。これは技術系もあるでしょうし、文系もありますが、例えば「京都連合大学院」というようなものをつくることは、意義のあることではないかと思っています。そういう点も課題になろうかと思います。それが一つです。

もう一つは、京都に大学連合組織のシンボルとしての「共同利用施設」をつくる計画をもっております。これは京都市が全額負担で建設することになっております。このような事業に大学がお金を出してというのは、なかなかできないことです。京都市が「大学のまち・京都21プラン」をつくりました時に、「大学連合都市をつくるというのであれば、単にソフトの側面だけでなく、そのシンボルになるような、大学が共同で使える施設をつくるべきである」と、大学サイドがかなり強くお願いしてきた経緯があります。

それで、早ければ四年先の一九九八年ぐらいにオープンすることを前提に、京都市では、プランを組んでいるわけです。外国の諸都市でも、「大学のまち」といわれるところはそのシンボルをもっているようで、そういうものをつくりたい。これが京都市と大学側が呼応して、「京都の大学連合組織・大学センターをスタートさせよう」と考えて計画を進めていった時の一つの重要なインセンティブであったように思っています※。

※　この「共同利用施設」計画は、京都市が約一〇〇億円の総事業費を投じて、二〇〇〇年九月、JR京都駅隣接の場所に「キャンパスプラザ京都・京都市大学のまち交流センター」として実現した。

それからもう一つ、京都の大学は、それぞれに新しい大学づくりをやっています。しかしこれからは、どんなに大きな力をもっている大学といえども、自分の大学だけで何でも全部をやれるということはない時代になってきています。京都では国立大学の京都大学がどのような動きをするのかということが大きいわけですが、その京都大学といえども、自分の大学だけで何でもできるという時代ではなくなってきていると思います。お互いに大学のもっている資源や機能を融通しあうことが必要だし、そのことがまた地域の持っているメリットを生かすことになるのではないかと考えています。

その時に、大学教育で、あるいは大学の研究についての情報の集積を共通にしないと非常に効率が悪い。ですから、大学の教育・研究、あるいは大学運営そのものについての共同のシンクタンクをつくりたい、共通に使える情報のベースをつくりたいというのが、もう一つ大きな構想としてあります。その一環として、いま、大学センター事業として京都の研究者約六、〇〇〇名のデータベースの作成を進めております。

私たちは「大学都市」というコンセプトをもっていまして、全国で一六ほどの大学都市といっている所がお互いに集まりまして、「大学都市会議」というものを定期的にもっています。この大学都市会議では地域における産学官提携もテーマにしております。ですから、行く行くは、研究レベルあるいは技術開発レベルで企業と連携するような仕組みを、大学センターがやるのも一つの方向としてあるのではないかと考えています。

また、私どものこのネットワークの一つの重要な機能は、地域の方々に、例えば生涯学習の機会を提供することです。現在のところ、その点ではプログラムの開発を急いでおります。今度の単位互換も、仕組みとしては市民の方々の参加を認めているのですが、市民の方々にこれを使っていただくことについては、まだいろいろな制約がありますので、それを緩やかにしてもっともっと市民の方々もこれを利用できるようにしようと考えております。

以上、考えてみますと、これからいろいろ夢が拡がりますが、京都・大学センターは何しろいま出発したばかりでして、まだまだ非力な組織であります。参加全大学の歩調をよくそろえながらやっていくことも大切であります。無理せず着実に、しかし新しい試みに大胆に挑戦しながらやっていこうと思っております。今後とも京都・大学センターの動向にご注目いただき、ご教示いただきたいと存じます。

これで京都の大学センターの問題について話を終わらせていただきます。

4 産官学連携による地域振興

〔一九九七年〕

〔解説〕

この稿は、一九九七年一一月一一日、財団法人地域総合整備財団（ふるさと財団）が滋賀県との共催で実施した、「民間との連携による地域振興――産官学連携による地域振興」をテーマとするセミナーでの筆者の基調講演の記録である。

当時、滋賀県および草津市との公私協力によって一九九四年に実現した立命館大学のびわこ・くさつキャンパス（ＢＫＣ）開設と理工学部の拡充移転、それを基盤とした産官学連携が広く社会的な注目を浴びていた。とくにリエゾンオフィスを機軸とした立命館大学の産官学連携はこれまで日本ではあまり例を見ないものとして、産官学各方面から注目され、それは地域振興にも新しい切り口を示すものとされた。このようなことを背景として、このセミナーが滋賀県大津市で開催された。このセミナーが開催されたとき、立命館大学ではさらにＢＫＣに京都衣笠キャンパスにある経済、経営の二学部が移転・新展開を図ることが翌年に迫っており、また二〇〇〇年四月に公私協力による大分県別府市での立命館アジア太平洋大学（ＡＰＵ）の開設が予定されていた。このような並行するキャンパスの開設、新展開を背景に、産官学連携による地域振興という話題が関係方面で関心を高めていた。また立命館大学が設立に深く関わった地域大学連携、京都・大学センターもようやく定着しようとしていた。この講演は、このような産官学連携の考え方を当事者である立命館大学の立場から紹介するものであった。

この稿は、ふるさと財団（地域総合整備財団）ライブラリー21『講演集シリーズ8』一九九八年三月、に所収された。

はじめに

立命館の副総長をつとめております坂本でございます。鄭重なご紹介をいただきまして、恐縮しております。本日は、地方自治法施行五〇周年の節目の年の「ふるさとづくりセミナー」で、こうして全国からお集まりの皆様方にお話をさせていただくのはたいへん光栄でございます。私は必ずしも地域振興ですとか、産官学連携という分野の専門家ではないのですが、立命館というところで仕事をしておりまして、ご当地滋賀県の皆さんと連携していろいろなことをやって参っております。そういう経験から少し問題の提起をさせていただくということでご容赦いただきたいと思います。

1．大学と地域社会――産官地学連携の必然性

「知識社会」のイノベーション

本日のテーマで「産官学連携」ということになっております。しかし私がいまから申し上げます話の筋からいたしますと、「産官地」、地というのは「地域」でございますが、「産官地学連携」とでも申しますか、産と学、官と学の繋がりと同時にやはり地域社会と学のつながりを視野に入

れた、そういう枠組みが必要かと思っております。普通は「産官学連携」というふうに申してお
りますが、そういうような気持ちでお話をいたします。

産官地学連携という問題の具体的な話の前に商売柄ですから少し理屈っぽいことを申し上げま
すが、こういう大学と社会の諸パートとのつながりということが今各方面から非常に関心がもた
れ、実際に進んできている背景といいますか、そういうことを少し考えてみたいと思います。

従来「情報社会」の到来ということがいわれてきましたが、最近はちょっとトーンが変わりま
して、「知識社会」という言葉が多用されるようになったように思います。この情報から知識と
いうこの言葉の移り行きというのは、ある意味でいま私たちが直面している問題のいくぶんかを
象徴しているように思います。ご専門の方々はいろいろな解釈をされていらっしゃると思います
が、私なりに申しますと、やはり情報という言葉は情報処理というような言葉とよく結び付けら
れますように、私たちの知のいわば流動的な状態を示しております。しかし、私たちが様々な局
面で活用する知というものをもう少しストックという側面から捉える必要があるということを多
くの人々が感じつつあるのではないか。私たちが実際に日々使う情報というものの基礎に、さら
に情報というものをストックしてそこから新しい情報を生み出すような、そういうストックとし
ての情報といいますか、そういうことに多くの人たちが関心をもつようになってきています。そ
ういうストックとしての人間の知を知識として捉えて、人間がいろいろな所で使う知というもの

をどのようにして新たに生み出していけるのかという、使うということよりもさらに新たに生み出すというところに、多くの人の関心が集まってきているように感じております。

それは知識を記号化したりして、流動するレベルの情報だけではなくて、私たちが色々な経験の中からまだ文字になったり記号化する前の、そういう意味では「暗黙知」というような知のレベルから私たちは情報化社会というものを捉えていく必要があるという、何かそのような思いを多くの人々が持ちはじめた。そういう所に知識とか知識社会ということが最近非常に強調されるようになった背景があると思います。

それは、いま私たち人間の社会というものを動かしていく知識のレベルというのは非常に高度化しましたし、また専門化が非常に進んできていることと、たぶんつながっているだろうと思います。そういう意味で、知識というものをどのようにして私たちが生み出し、それを実際に私たちの必要な所で情報として使っていくのかという知識創造と知識活用のメカニズムというものに関心が強まり、いままでの情報化社会といわれてきたものをもう少し深みのある捉え方で理解しようという、こういう思いが現われているように思います。

ご承知の方が多いと思いますが、経営学の大家で、ピーター・ドラッカーという先生がいらっしゃいます。このドラッカーが二つのことをいっています。

一つは、知識の創造力というものが、国だとか企業だとか、あるいは大学や知識社会の競争力を決める、あるいは未来を決めるといっています。要するに、これからは知識を生み出す力をもっているか、もっていないかということが、いろいろなレベルの組織の将来を決めるんだということをいっております。かつて例えば古い封建時代ですと、土地というものの大きさが力を決めました。また、たぶん一九世紀、二〇世紀のいわゆる資本主義社会といわれる時代は、非常に大雑把にいえば、資本の大きさが力を決めてきました。しかし、二〇世紀も終わりの現在も含めて、二一世紀に向けて、この新しい時代の力を決めるものは、土地や資本、資金といったモノから、知識に移りつつあると、そういうふうにドラッカーはいっています。これが一つです。

もう一つ、これは今日の話との関係で、私は大切なポイントだと思いますが、専門化が進めば進むほど、専門の知識というものが高度化すればするほど、一人の人間、あるいは一つの組織で、必要な知識を何でも生み出す力を持ちうるとは限らない。むしろある分野の専門に非常に高度なものになってくると、自分だけでいろいろな知識を創り出したり、もつということは、これはだいたい無理なことである。そうすると、いかにして自分のもっている専門知識と外部の知識を結合するかということが、これからのイノベーションの鍵であるといっています。つまり、外部の知識や情報との連携がイノベーションの鍵であるということです。私はこのことが、いま私たちが直面している問題である産官地学連携や大学と地域社会というような問題を考える時にもその大きな社会的な背景を表しているように思いまして、ちょっとご紹介をさせていただいたわけです。

ドラッカーがいっているように、知識を造る力、知識創造力というものが国や企業や大学や地域社会の将来を決める、あるいはもっと端的にいうと競争力を決めるということ。もう一つは必要な知識や情報をどんな組織でも自前で手に入れるには限界があるということ。かつて昔はそれは出来たかもしれないが、いまは、そういうことの出来る時代ではない。いまはむしろ必要な知識を外部から手に入れて、それをいかにシステム化し組織化するか、これが新しいものを作りだしていく鍵なのであるということ。ここのところを鍵にして、これからお話を進めさせていただきたいと思います※。

※　以上のようなドラッカーの見解については、同氏の『断絶の時代』原著一九六九年刊、第Ⅳ部を参照。

大学改革と地域社会

大学と地域社会とのつながりということを考える際に、私は、大学内の状況と、地域社会からの問題という両面からその必要が生じてきているように思います。私は大学の人間ですので、大学側の話が八割を占めるかもしれませんが、それは一つご容赦いただきたいと思います。大学の側から申しますと、いま皆さんもご承知のとおりそれぞれの地域や町にある諸大学が、必死になって改革を急いでおられる。私たち立命館もそうですが、いずれにしましても大学改革ということが、いま大学にとっては合言葉になっておりまして、どうしてその改革をやるかということが非常に大きな課題になっています。様々な試みがありますけれども、一つは日本の大学、高等教育というものをいかに国際化するのか、国際化という言葉では曖昧でして、むしろ企業の皆さんがいっているように国際標準化あるいはグローバル・スタンダード化するのかという問題を大学がいかに自覚をするか、ということが第一の課題であると思います。この問題はまたあとで申しあげます。

さらに、大学の社会開放化がもう一つの大きな大学改革のキーワードであろうと思います。大学というものの改革を、大学の中の人間が、その中で何かやり繰りをして、新しい再編成をして、新しいモノが出てこないかというように考えることは、もちろん基本にありますけれども、自ずから限界があるというのが私の考えであります。私どもの立命館はそういう意味ではそこははっきり割り切って、大学の改革には、大学を外に開放するということが一番大切なのであるということで、この一〇年間ほどやってまいりました。あとでいくつかのことを申し上げますけれども、大学の改革というものがいま叫ばれているなかで、大学を大胆に地域社会や企業社会と結びつける関係をつくっていくということがもっとも大切なことであると思います。これなくしてどれだけ大学改革を大学のなかだけで、自前主義でやりくりしようとしても自ずから限界がある、そういうふうに思うわけで、その点が非常に大切であると思っております。立命館が一九九四年にこの近くのびわこ・くさつキャンパス（ＢＫＣ）を滋賀県と草津市のご協力で開設させていただきましたのも、端的にいって立命館のそういう思いを実現させていただいたということです。

もう一つ、地域社会のサイドからの大学との連携について申しますと、たぶん地域社会の振興がいま大きな転換期を迎えられていることと深い関係があると思います。

一九七〇年代までのまちづくり、あるいは地域振興ということでは、こぞってどの町もどの地域も、「企業誘致」をやられたと思います。そして、一番典型的なのは、大型の産業コンビナートをつくり、重厚長大型の様々な企業の工業施設を配置するということで地域振興が大胆に図られ、これがまた日本の高度成長に非常に大きな役割を果たしたことは紛れもないことです。

ところが、八〇年代に入りまして、ご承知のように産業構造の風向きががらっと変わりました。重厚長大型の工業施設の集積によってできた地域の状況が大きく問われ、実際にそういうまちが大きく変貌していかざるをえないことに直面していることもご承知のとおりであります。

そういう中で、私たちが八〇年代以降に経験してきておりますのは、地域の振興にとって、産業の集積ということを必要としている場合でも、そのベースにもう一つ、知識の集積というものがどうしても必要なんだということであります。産業構造における情報化やソフト化という方向が急速に進む中で、やはり産業の集積の基礎にもっと高度な知識の集積というものがないと、産業振興自身がうまくいかないということを、たぶん企業城下町の状況が大きく変わらざるをえなくなった中で、私たちは学んできたのではないかと思います。そういう背景があって八〇年代の中頃から地域振興のために企業誘致に代わって「大学誘致」ということが強く打ち出されてきたように思います。

この間私たち自身の必要があり、全国の自治体でどれくらい大学誘致の希望があるのかということをかなり細密に調べさせていただいたことがあります。私たちは改めて、日本の全国の自治体の皆さんが大学誘致になみなみならぬ意欲をおもちであるということを知りました。このことは、それ自身として、かつて七〇年代までのいわゆる企業誘致とは違う質の地域振興なり、まちづくりのコンセプトが進みつつあるんだということを大きく感じさせてくれるものでした。

ただこの点で、私は後のこととももつながるのですが、大学誘致というような考え方での大学の招き方、あるいは大学を地域にビルトインするという発想は限界があると思っています。「誘致」という発想で大学を招いても、それで確かに大学は出来るかもしれませんが、本当に今日テーマになっているような地域振興に繋がるような大学と地域社会の関係が出来るかどうか、私は身近なことの経験もありまして、少々疑問をもっています。誘致という発想で大学を地域にもって来られても、なかなかうまくいかないところがあるのではないかと思っています。

この問題はあとに残しますが、いずれにしても大学という知識の集積体を地域振興と結び付けるということがたぶん八〇年代以降、新しい産業構造や産業の動向から大きく地域のサイドから求められてきており、これが、大学サイドの改革の問題と合わせて、表裏一体になっているのではないかと思います。どちらが裏か表かというつもりではありませんが、これらが一体になっている、それがうまく結びつくところで大学と地域社会の振興というものが進む、こういうことではないかと思います。

もう一つ、これも参考までですが、そうして地域に大学をもってきた場合にどれくらいの効果があるのかということについても、かつて私たち立命館大学の研究所の方で調査したことがあります。九〇年代にかかる頃のデータをもとにしたものですが、京都市をベースにして調べたところでは、大雑把にいいますと、市民所得のレベルでほぼ一割、一〇%くらいの効果があるということが出ています。京都の場合、学生数は人口一四〇万名に対して約一四万名、一割ですから、つまり、学生一割でほぼ市民所得の一割ということになります※。

※　立命館大学地域研究室「地域における大学の経済効果」『立命館地域研究』第四・五号、一九九六年三月、を参照。

大学という存在は、経済効果だけに絞ってみましても、そういう効果をもつわけでありますが、私は大学の存在効果は決して経済効果というものに留まるものではないし、また経済効果で計るのもいささか視野が狭いと思います。むしろ社会的な、あるいは文化的な効果というものがたいへん大きいと思います。やはり知識創造力をもつ大学の文化的な拠点としての意味は大きいわけでありますし、また産業振興にとって、大学の知識創造力はたいへん大きな威力を発揮するようになる可能性をもっています。また、大学の人口の圧倒的多数は一八歳から二〇歳過ぎの若い世代でありまして、これらの学生諸君の存在がまちづくりに大きな活力を与えるということも、大学というものがもっている地域社会にとっての魅力であろうと思います。だんだん高齢化社会が進むという中で、大学が一つ存在することで数千名、あるいは万を数える若者が集積するということのもっている地域振興への効果というのは、単に経済効果では図れない活力であろうと思います。

そのようなことを考えまして、はじめに大学と地域社会のつながりというものをいまの大きな社会の構造変化、資本の時代から、情報、さらにまた知識の時代へという変化の中で少し一般的に考えてみました。そして実際に大学サイド、および地域社会サイドの両方からの新しい改革の動きなかで、両者の繋りの必然性が大きくクローズアップしているということです。

2．産官地学連携——立命館大学の経験

「びわこ・くさつキャンパス（ＢＫＣ）」——滋賀県草津市

私たちが滋賀県のこの近くに立命館大学の第二のキャンパス、びわこ・くさつキャンパス（BKC）を開かせてもらいましたのが一九九四年です。今から四年前です。このキャンパスは滋賀県と草津市からの大型の協力があって実現したのですが、当時の事情を申しますと、京都にあります衣笠キャンパスが大へん狭隘になりまして、特に理工学分野の研究は当時の衣笠キャンパスでは発展の余地が大へん乏しいということを自覚しまして、どこか新天地を求める必要がありました。これが一九八〇年代の終わり、正確に申しますと一九八八年頃に浮上しまして、理工学部をどこかに移転をして拡充をしなければなるまいというのが全学の意思となりました。

そこで私たちはいろいろ社会の皆さんとの連携先を探しました。自前の力でなかなかそういう新しい大きなキャンパスを得るということは難しい状況がありました。その中で私たちとしましては非常に幸運でしたが、お隣の滋賀県、そして草津市のご協力があって、いまのBKCの開設にこぎつけたわけです。そういう意味では、これだけ大きなキャンパス、衣笠の大体五倍近くありますが、これだけのキャンパスを私たちが自前で開設するというのはいまの私学の力からしますと、なかなか難しいわけです。それがご当地の滋賀県、草津市の方々のご協力があって出来たことで、これが私たちの官と学の連携の原点でございます。これほど大型の官と学の連携が出来たというのは、私たちにとっては本当に幸運でした。これなしには現在はなかったわけです。

産学連携――リエゾン活動

そういうことがあり、さらにこのキャンパスを充実させていくのにどういうふうにして社会とのつながり、企業の皆さんとのつながりをつくるかということが模索されました。私たちは、一九八〇年代の後半にもう一つ前のラウンドの大学改革をやっており、特に国際化をメインに打ち出しまして、国際関係学部という七番目の学部をつくりました。その頃にやはり社会の皆さんからの協力をいただこうということで、寄付活動を展開したことがございます。思い出していただきますと、当時は八〇年代の終わりですから、まだ日本の経済が非常に拡張基調にありまして、大変好調でした。ですから、私たちが寄付をお願いする企業の皆さんも割りにそれを受けていただいて、私たちの目標をかなり大幅に上回る寄付を実現することが出来ました。そのような八〇年代の経験から、お願いすればなんとかいけるではないかというような楽観的な気持をもった経過があります。

それで、ＢＫＣを開設しようということになりまして、具体的に構想が決まってまいりました。理工学部ですから相当大規模な資金もいるし、やはり自前だけで充実したものをつくるのにはなかなか財政的に大変でもあるから、自前でやる部分に乗せて、特に企業の皆さんからのご協力を得ようということで、最初は八〇年代の延長上で発想をしました。八〇年代の終わりにはまだ景気が良かったこともあるのですが、これまで寄付がうまくいったから、次のラウンドの寄付も一つ頑張ってみようかというくらいの軽い気持ちで九〇年代の寄付活動に入りました。

　しかし、ご承知のとおり九〇年代に入るとバブルがはじけ、経済の活況が終わりまして、非常に深刻な状況が来ました。寄付の展開は、環境がまったく変わりました。これは立命館だけが経験したことではなくて、たぶん全国の諸大学が皆共通して経験したことであろうと思います。かつてのような寄付をお願いしても、なかなかうまくいかなくなりました。企業の方々がいらっしゃれば、当たり前ではないか、とおっしゃると思います。大学はいままでちょっと虫が良すぎたんではないか、そんなに簡単に寄付を出来ますか、というのが環境変化でありました。

　これではいけない、という雰囲気が私たちのまわりに漂ったことは事実でありました。しかし、それを何とか乗り切らなければならないという必要がありました。それは、一九九四年のBKCの開設が決まっていましたし、既に施設の建設に入っており、中に入れるいろいろな施設についても整えなければならない、実験施設についても何とかしなければならない。自前でやる分はせいぜいやるとしても、しかしどのようにしてもっと充実させるかということがあって、やはりこれには産業界や地域の皆さんとの連携が必要だということになりまして、これに私たちは取りかかったわけです。

　その時に、私たちは、今までの発想を変えようというふうに考えました。今までの発想で寄付というようなことをいっているだけでは、もうこれは社会的に受け入れていただけないだろうと。そこで、私たちはいくつかコンセプトを立てたわけです。その一つは、まわりの社会の皆さんが大学に貢献をして下さるについては、具体的なニーズがあって、それとマッチしていなければならないのではないかということであります。ですから、逆にいうと大学側のもっている知的資源というものと特に企業の皆さんのニーズをうまくマッチさせなかったら、とうてい協力関係は出来ないだろうということです。私たちは職員あるいは教員の者が足しげくまわりの企業の皆さんのところへ足を運んで、ニーズの発掘と私たちとして出来る提案についてさせていただきました。そういう経験をふまえて、ニーズ発掘・提案型の産学連携を図ろうということが第一に私たちが立てたコンセプトであります。いわゆる寄付というコンセプトはもう成り立たないのではないかというふうに割り切りました。ですから、寄付ではなくて、連携である、ギブ・アンド・テイクに徹しようと考えました。もちろん大学が企業の皆さんにギブ出来るものというのはテイクする部分からすると少ないかもしれないけれども、とにかく大学として精一杯もっている知的資源を活用していただくという意味でのギブ・アンド・テイクの関係をつくろうということで、大学としましてはかなり割り切った考え方をとったわけです。

今までご寄付ということになりますと、どうしても資金力の大きな大企業の皆さんの方に足が向くという傾向がありました。けれども、いま私が申しましたような原則に立ちますと、大きな所にまとめてというふうにはなかなかならないわけです。また、大企業の皆さんは自前で相当やっていらっしゃるから、大学のもっている力というものを必要としている度合いは相対的に小さいです。このようなこともありまして、私たちは地域の皆さんとの連携を重視することにいたしました。特に滋賀県の私たちのキャンパスをとりまく地域の皆さんとの関係を重視いたしましたし、また近畿一円の地域の皆さんとの関係を重視いたしまして、具体的なニーズをもっていらっしゃる中堅企業、あるいは中小企業の皆さんとの間の連携を重視することになりました。

それから三番目になりますが、企業と大学の関係を考える時に、以前は寄付ということで、いつも資金のことを考えていました。資金を提供してくれるか、資金を寄付してくれるかと、こういう発想に傾いていました。私たちは、企業の皆さんと本当にビジネスライクにお付き合いして交流するのであれば、資金ということもありますけれども、企業がもっていらっしゃる資源との交流は、決して資金ということに限る必要はないし、それにこだわり過ぎては成るものもならない、せっかくの機会を失うことにもなるのであり、私たちはそういう意味で交流というもの、連携というものを多角的に考えようと考えました。人、物、資金、そして情報、様々なレベルで、お互いにもっている資源をいろいろな形で組み合わせて交流するということを考えました。資金が動かなくても人の交流があり、情報の交換があり、あるいは物を通しての連携もあると。こんなふうにして多角的な交流ということに割り切りました。これが第三番目の発想の転換でありました。これによって寄付という概念を捨てるというわけではありませんけれども、それを超えようとしたわけです。

第四番目は、窓口を一本化するということです。これが立命館の産学連携のあり方で非常に注目を浴びている点であります。かなり早い時期から企業や地域社会との連携の窓口を一本化する方針をとりました。最近も新聞を読みますと、まだまだ大学は敷居が高い、もっといえば、どうも大学は「一見さんお断り」の風潮があると、書かれておりました。かねてからお付き合いのある企業は入れるけれど、一見さんはなかなか入りにくいと、そういうことをある新聞が書いておられました。

実際に、かなり共通にみられる大学と企業なり自治体との関係というのは、研究室単位、あるいはある先生単位で窓口が開かれている。ですから大学全体としてどの研究室のどの先生が、どことどういう関係を結んでいるのかということがトータルにわからない、これは日本の産業界と大学の関係が出来てきた六〇年代、七〇年代以来続いていることですが、要するに研究室単位や、もっといえば先生単位の交流はあるけれども、大学全体としてどうなっているのかということはわからない。そういう状況では、本当に社会に開かれた大学作りは出来ないだろう、というのが私たちの反省でした。

ですから、大学にもっともっと地域の方々、企業の皆さんに来てもらって、もっているニーズを聞かせていただいて、私たちのもっている力とすり合わせをするということをしようとしました。私たちのもっている力を知ってもらうために窓口を一本化して、そこに相談に来てもらおうと考えたわけです。そのことがいくぶんでも外部の皆さんから敷居が低くなったといっていただければ、大へん有り難いわけであります。とにかく大学という所へまだあまりはっきりしないニーズなんだけれども、行って相談してみようと。こういうことについて何か解決の目途がないかということを相談に行ったら、それだったらうちにこういう分野のこういう先生がいるとか、こういう専門家がいるからこの先生に相談したらどうかとか、あるいはこの先生とこの先生の力を組み合わせたら何とかうまくいくのではないか、というあたりのことを相談出来る窓口をつくろうと考えたわけです。

これが「リエゾンオフィス」といわれているものであります。最近は、リエゾンオフィスというのは公用語になりまして、リエゾンオフィスをつくろうということを、文部省や通産省のサイドの皆さんもおっしゃるようになりました。アメリカではもっと早くからあったのですが、日本でリエゾンオフィスということを打ち出したのは私たち立命館が一番早かったのではないかと思います。これによって一〇〇％かどうかわかりませんが、立命館へ行って何か相談すれば、少し糸口が開けるのではないかということを、周りの企業や地域の皆さんが感じてくださって、足繁くこのリエゾンオフィスに来てくださるようになりました。とにかく大学に来てくださる人がたいへん増えたというのは、うれしいことです。

立命館大学の産官学連携の前線を担う「リエゾンオフィス」広報パンフレット：1995 年刊行

こういうスタイルをもう少し日本の地域と大学の関係に作り出したらいいのではないかということが、通産省や文部省の関係の皆さん方が最近非常におっしゃっておられることではないかと思います。このようなリエゾンオフィスというものをつくったということによって、窓口を一本化して、「一見さんお断り」の雰囲気をなくした、「どなたでもどうぞ」というふうにさせていただいたということであります。

第五番目になりますが、私たち立命館の方式の一つの特徴は、こういうリエゾン活動をします場合に、教員と職員が一体で仕事を進めることです。職員の者がまいりまして、いろいろなニーズがあるとなったらすぐ教員がそこへ出かけて、専門の知見からのいろいろなアドバイスをしたり、開発に関与したり、いろいろなプランニングに参加したりする。この教員と職員の間の連携プレーというのは、リエゾン活動にとって非常に重要だと私は思います。

大学という世界では、職員と教員の間の連携プレーというのは、一緒に生活しておりながらなかなか難しいというのが、実態であります。ですが、これからの大学改革もそうですし、地域とのつながりもそうですが、大学自身の一つの体質改革としてやらなければならないのは教員と職員の連携プレーをうまくやるということであります。教員と職員の間に壁がありますと、だいたい何事もうまくいかない。これは、大学自身の文化革命をやらなくてはいけないところだと思います。この点が私たちの所では比較的うまくいっているところです。最初からうまくいっていたかどうかはわかりませんが、だんだんそういうことがいき渡るようになりました。

ですから私たちのリエゾンオフィスでは、専任の職員はかなり入れておりますが、専任の教員は置いておりません。教員については、このオフィスの責任者を置いています。責任者を置いていますけれども、その先生が中心になって何から何までやるというような仕組みにはしておりません。要するに、窓口で出てきたニーズをどういうふうに私たちとして受けるかということの分析が終わったら、実際の仕事は、それに一番適切な先生のところ、あるいは先生のチームにお願いをする。ですから、リエゾン活動に携わる先生というのは、そういう意味では全教員に広がっているということです。もちろん濃淡はありますけども、そういうふうな仕組みにしてあります。

私は、誰か特定の教員にリエゾン活動が仕事なんだというふうにしてしまうということはこの活動にまた壁をつくることになる危険があると思います。大学全体として、あるいは理工学部なら理工学部全体としてリエゾン活動をやっていて、必要があれば誰でも動き出す、必要があればどの先生のチームも動き出すというふうな体質をどれだけ持ちうるかというのが、リエゾン活動が大学の中で活性化する非常に重要なポイントではないかと思います。これは、教員と職員の関係と同時に、教員の中でのある種の精神革命のようなものが必要な所です。

最後に立命館のリエゾン活動でいくぶん、他の大学のリエゾン活動と違うところの一つだと思いますが、理工系だけではなく、文系のリエゾン活動が進んでいることであります。一般にリエゾン活動とか産業振興といいますと、技術が中心でありますから理工学部、特に工学部ということになって、私が参加させていただいている通産省や文部省の会議※でもだいたい課題になりますのは、技術開発の問題であります。あるいはもっといえば、製造業のテクノロジーの問題であります。

※「産学の連携・協力の推進に関する調査研究協力者会議」。同会議は一九九八年三月、答申『産学の連携・協力の推進に関する調査研究協力者会議まとめ――特許等に係る新しい技術移転システムの構築を目指して』をまとめた。この答申は当時、産官学連携の推進に、とくに大学に対して大きな刺激を与えた。

しかし、産業構造が大きく変わりつつあります。製造業はもちろん日本の大切な宝ですが、他方でソフト化や情報化が進んで産業構造が流動化していっています。そういう意味では、産学連携とかリエゾン活動というものも決していわゆる製造業のテクノロジー、あるいは理工学部のエリアだけの関わることではなくなり、もっと文系の人間が関われる領域が膨らんできています。例えば、流通業の構造改革の問題ですとか、サービス業の問題になりますと、理工学部の先生方の力量ももちろん大切ですが、もっと経済とか経営とか、そういう文系の力というものが生きてくる時代だと思います。ですから、これからのリエゾン活動とか産学連携というものは、文系の力をどうやって引き出すかということがたいへん大切だと思いますし、また単にテクノロジーだけではなくて、それを製品化したり企業化するためには、マネジメントの力が必要です。そういう意味では、理工学部と経営学部や経済学部との融合がこれからの産学連携のキーワードになるだろうと私は思いますが、その辺のところを睨みながら、私たちは文系のリエゾン活動に相当力を入れて参りました。

そういう中で、社会系の法学部、経済学部、経営学部、産業社会学部や国際関係学部、政策科学部はもちろん、文学部も含めて、それぞれの学部で何らかの形で産学連携が行われていない学部はございません。それは、講義を企業の方が担当してくださるとか、研究プロジェクトに産業界のファンドをいただくとか、様々な形で文系の学部でリエゾンが行われています。文系の学部でのリエゾン活動はデータとしてなかなか出てこないのですけれども、立命館はそういう意味では相当に文系リエゾンが進んでいると思います。これからの産業構造のソフト化や情報化などの変化を考えますと、これは大変重要な宝であると、私は思っております。

経済・経営両学部のＢＫＣでの新展開

私はいま、文系と理系のリエゾン活動の重要性ということを申しました。キャンパスの問題に返りますと、ＢＫＣが四年前に開設されましたが、来年一九九八年の四月に衣笠の方にあります経済学部と経営学部という二つの学部を理工学部のあるこのＢＫＣに移転いたします。学生数七、五〇〇名であります。学生数七、五〇〇名一挙に移します。このキャンパスの第二弾の展開はかなり大がかりです。この大がかりな新展開の判断をしましたのは、衣笠のキャンパスが学生数の関係で相当に狭隘になったということがありますが、なぜ経済、経営をＢＫＣに移すということで最終的に判断をしたかと申しますと、このキャンパスを本学のリエゾン活動の総合的な拠点につくり上げたかったからです。

現在、理工学部があって、活発な産学連携を展開している。しかし理工学部だけの産学連携では、次の時代の産学連携の重要な核でありますけれども、これだけではこれからやはり足りないものがある、それは、文系の要素です。これから、産学連携の中で様々な技術が開発されたりしていく。しかしそれにとどまらずそれを商品化したり、企業化するという必要がある。そのためにはどうしても経済とか経営のもつマネジメントの力というものがこれに融合する必要がある。あるいは教育上もそういう文系、理系の融合した分野をつくりだす必要がある。そういう思いがありまして、経済、経営を来年の春にBKCの方に移します。BKCとしては学生数一四、〇〇〇名、衣笠の方には一六、〇〇〇名、だいたい二つのキャンパスがバランスをとれます。そういうことで、このBKCを私たちとしましては、産学連携をはじめとするリエゾン活動の拠点にし、「文理融合型」の新しいリエゾンをここでつくり上げていきたいという思いをもっているわけです。これがうまくいきますと、テクノロジーとマネジメントの融合した力が出来上がります。アメリカ合衆国のスタンフォード大学でありますとか、マサチューセッツ工科大学（MIT）などをみますと、その周辺にはシリコンバレーとかルート一二八などという優れた産業エリアがあります。大学と産学連携を通じて地域が密接に結びついている。そして、若い学生が盛んに起業家を目指す雰囲気があります。ご存じのとおり、マイクロソフトのビル・ゲイツさんも学生起業家であります。

そういう環境を私たちの大学は京都と滋賀の地域につくり出したい、これがこの度BKCへ経済、経営の二学部を移転するに至った思いです。これをどこまでスタンフォードやMITに近づけられるかというのはこれからの私たちの仕事ですが、この滋賀県の湖南地区の工業的なバックグラウンドと大学を結び付け、私たちの大学だけではなく近隣の大学も含めて、シリコンバレーやルート一二八のようなエリアをここにつくり出したいというのが、私たちの意気込みであります。

「立命館アジア太平洋大学」――大分県別府市

それからもう一つ、立命館の産官地学連携の一つに、いま私自身が責任をもって進めております「立命館アジア太平洋大学」の創設という事業があります。立命館は、二〇〇〇年の四月に大分県別府市で、立命館アジア太平洋大学という新しい大学を開設いたします。この大学づくりも、お聞き及びかもしれませんが、大分県と別府市および立命館三者のジョイント・プロジェクトです。大分県や別府市の皆さんの地域での高等教育機関創設への意気込みとをドッキングして、立命館の国際化の新しい水準をここで目指そうという大事業です。

日本の大学はいま、国際水準という所から見ると、残念ながら存在感が薄いです。私もこの仕事をはじめて、アジア等の国々に相当行きますけれども、国内ではそこそこ努力をしているつもりでも、外へ行ったら日本の大学の存在は大へん薄い。そういう意味では、日本の大学の国際的な水準での存在というのは非常に見えにくい。それはやはり大学固有の責任かもしれません。大学の仕組みというものを本当に国際的な水準に合ったものにつくり変えていかないと、何か国内だけであそこの大学が少し進んでいるとかいうようなレベルの話では済まされないというふうに私は思います。このような状況を私たち高等教育機関が解決しなくてはならないと思います。

その時に、これは大学だけが逆立ちしても出来ないと、私は思います。やはり大学がつくられ存在する地域の皆さんや、企業の皆さんと手を結んで大学が頑張るということでないと、大学だけではできません。私たちはそういう意味でたいへん幸いなことに、自治体の皆さんの大きな支援と協力があり、さらにこの大学をつくるために産業界の方々が大変関心をもって下さっています。こうしたことに助けられて、いまこの大学を立ち上げようとしています。

「京都・大学センター」

大学の新しい改革や創造というものは、地域の皆さんのニーズというものと結びつかないと絶対に出来ないなというのが、私の痛感していることです。もう一つの事例でございますが、今京都では、「京都・大学センター」という、大学間のコンソーシアムがかなり活発に機能しております。京都には国・公立、私立を含めまして四九の大学・短期大学がありますが、そのうち四四の大学・短期大学がこれに加盟しています。要するに、京都にあります大学、短期大学はほぼ全部このコンソーシアムに入っているという仕組みになっています。

京都・大学センターでよく知られていますのは単位互換制度です。一九九七年度は一二五の科目がお互いに単位互換の対象になっており、そこにほぼ六、〇〇〇名の京都の学生が受講をしております。他大学の科目を受けて単位を取るわけです。学生はお互いにキャンパス間を往来しておりますが、これは目に見えない地域のインフラストラクチュアであります。京都という地域の重要なアカデミック・インフラストラクチュアなのです。私は、「もう一つの大学」が京都にあるというようにいっています。京都には、ご存じのように様々な大きな大学がありますし、たくさんの短期大学もあります。それぞれの大学が改革に精を出しておりますけれども、京都には「もう一つの大学」がある。それは京都・大学センターという大学である。そこには一二五の科目があって、六、〇〇〇名の学生が、お互いに行き交って勉強している。こういう仕組みは確かに「大学のまち・京都」に独特のものであります。

京都・大学センターというのは、京都市が支援をしているということもあって、京都・大学センターと呼んできておりますが、私たちは京滋一体というふうに考えております。滋賀県の大学もその中に実際に加盟しております。そういうことで、この大きなエリアで大学というものが地域の活性化と密着した関係をつくっていく。大学にとっても、京都とか滋賀という、この環境が私たちにとって大変重要な財産であります。その財産を使わせていただいて、大学がそれぞれの活力を引き出している。と同時に大学の集まりに活力があれば、地域に必ずいいものを還元出来ると思っています。

私たちは、学生たちの単位互換と同時にシティカレッジでありますとか、マルチメディアの開発でありますとか、そういうこともこの大学センターでやっています。地域への還元といいますか、地域との繋がりを最大限重視をしていまして、大学間の問題と地域と大学の問題、両方を視野において、この大学センターというものが、京都、滋賀の両方を含んでいま活動をしているわけです。

この構図は、多分皆さんのいらっしゃいます地域でそれぞれ描けると思います。京都というのは五〇近い大学があるという幸せな所だといって下さる方もいますし、比較的コンパクトな町であるから、足の便もよくて交流出来るんだろう、自分の所はそんなふうにはいかないとおっしゃる方もいらっしゃいます。しかし、私たちはいろいろな仕組みを大学と地域の間で描けるであろうと思います。自分の町とか地域に大学はないというところもたくさんあると思います。そんな場合でも、私は大学との間でいろいろな連携のつけ方はありうるのではないかと思います。

3. 産官地学連携を前進させるために

時間がまいりましたので締めくくりにいたしますけれども、いずれにしましても一つは、われわれの大学自身がいま変わらなければならないということに直面しているということであります。大学が変わらなければならないということの第一は、「自前主義」というものを克服するということです。何か大学というものは、自分の中だけでやらないと自由を守れないとか、自治を侵されるとかいうふうに固く考えてきた所があります。外の人間が入ったり外の関係者がくちばしを挟むと、大学の自治、学問の自由を侵害するとか、そういうことをいってきた歴史があります。けれども、一つの大学の中で整備出来るカリキュラムはもう限界があります。一つの大学でどれだけの人を雇えると思いますか。いま、学生たちの関心はものすごく広がってきています。先生方の研究の関心も広がっています。一つの大学の中だけでなんでもやれた時代はもうとっくに終わっています。ですから、大学が自前主義というものを克服して、社会の皆さん、地域の皆さんと手を結んで活力をつけていくという、このことをしなかったら、大学はおそらく二一世紀に社会から信頼されるものにならないだろう、というのが私たちの確信です。

もう一つ、大学の改革ということに多少関わってきたものから申しますと、大学の改革で忘れていることが一つある。それは、学生という存在です。学生の存在を忘れて、大学改革は出来ないと思います。また、大学と地域とのつながりも出来ないと思います。大学はやはり学生がいて、彼らが勉強したりいろいろな活動をしたりする、そういう場であります。立命館大学で申しますと、教職員は一、六〇〇名くらいいます。しかし学生は三〇、〇〇〇名いるんです。この三〇、〇〇〇名の学生たちの存在を視野に入れずして大学改革だとか地域とのつながりを考えても、それははなはだ一面的だと思います。

私たち立命館は比較的に大学改革を長続きしてやってこれたということがいわれたりします。

私たちは何もそんな偉そうなことをいえるほどのものはありませんけれども、少なくとも大学における学生のパワーとか学生の意見とか学生の目というものを最大限重視をしてまいりました。学生のパワーをどうして引き出すのかということであります。このご当地ＢＫＣでの地域とのつながりでも、学生が非常に重要な働きをしています。例えば、先日も学園祭がありまして、ＢＫＣでかなり盛大な学生たちのイベントがありました。そこにはたくさん市民の皆さんが来てくださり、出来た野菜なども売ってくださって、市民の皆さんと学生たちがイベントを楽しみながら交流いたしました。これは教職員だけで出来ることではないわけです。そういう中で市民の皆さんがこのＢＫＣというものを自分の町と思ってくださり愛してくださっている。これはたいへん大切なことです。その時に、学生たちが様々な活動をし、この活気のある状況をつくり出してくれなければ、教職員が何十名かでやってもこれはとても出来ないことです。また、学生たちが草津市や滋賀県のいろいろな催し、イベントに積極的に参加をする、そういうことも多いわけです。

企業の皆さんとの間でいろいろな連携をして、いろいろな研究をしたりする場合でも、私は先生だけの力では出来ない。学生たちの力をどうやって引き出すか、ここが大変重要だと思います。たぶんこれからの技術開発やベンチャービジネスの立ち上げなどでは、もっともっと学生の力というものを引き出す必要があります。アメリカがなぜあれだけの活力をもっているのか。スタンフォード大学やＭＩＴの状況などを聞きますと、学生のパワーというものが生き生きしている。こういう状況が大学を変え、地域と大学の関係を強くしていくんだと思います。

また、たぶん企業のサイドの関係の皆さんがたくさんいらっしゃると思いますが、だんだん企業経営をめぐる状況が変わってきているように思います。最近雑誌を見ますと、「総合の時代は終わった」と書いた週刊誌がございました。立命館も日本の代表的な総合大学の一つですけれども、総合ということが本当にどういう意味をもっているのか、改めて問う所に来たという感じがいたします。

総合はたいへん重要なことなのですが、その中でそれぞれ専門性を鍛え上げて高めていくということがなければ、総合は意味ないわけです。いま、専門的力量をつけるということが企業の世界でも非常に問われている。そしてそれを磨けば磨くほど外部の組織や機関ともっともっと連携をしなければ、自分がもっている専門力量が存分に生きてこないのだろうと、私は思います。そういうふうな企業作りが、いま求められて来ている。そうしますと、自分のもっているコア・コンピタンスと外部にある様々な知識や情報資源というものをどうしてうまく結び付けるか、コア・コンピタンスがなければちょっと困ると思いますが、コア・コンピタンスを活かしながらいかに外部の資源を取り込むか。これがたぶんこれからの企業のあり方なのだろうと思います。

その時に、大学がきちっと連携出来る基盤が出来てきているということが大切なのであります。企業サイドから見ても自前主義というものを克服する必要が出て来ている、それは大学と同じ状況ではないかということです。ですから、大学と企業の皆さん、地域の皆さんがもっともっと専門知識を通じて結び付けるようになってきていると思います。

私は大学の人間ですから、大学、大学と申しましたけれども、それぞれの地域や町には必ずしも大学があるとはいえないと思います。そういう意味では、大学を活用するということでいろいろ工夫をしていただくということもあろうかと思います。大学は日本には随分たくさんあるわけでありまして、そういう意味では、決してその地域になくても、あるいは自分たちが求めているものがご当地になくても、必要な大学を訪ねていただいて、いろいろな活動の連携が可能ではないかと思います。

個別の大学との付き合いというのはなかなかやりにくいということを聞くこともあります。たとえばある大学と付きうと、もう一つの大学とは、なかなか付き合いにくいというわけです。しかし、私は決してそんなことではなくて、地域の皆さん、自治体の皆さんが全国の大学の自分たちが望む所を全部ネットワークしてやるんだというくらいのことでそれぞれの大学とお付き合いいただきたいと、逆に思っているわけです。そういう意味では立命館にも関心がございましたら、リエゾンオフィスというのがありますので、宣伝になりますけれども、訪れていただいて、立命館で何が使えるのか、あの大学の何がものになるのかということをお確かめいただければと思っております。

いずれにしても、地域の発展と大学との関係は、かなり多元的であります。今日は、立命館でのいろいろな繋がりを少し例に引きまして話をさせていただきました。狭い経験の範囲のことで十分なことをお話できませんでしたが、以上をもって終わらせていただきます。

5

大学創造と社会的ネットワーク

〔一九九七年〕

〔解説〕

この稿は、一九九七年一二月五日、株式会社東和エンジニアリング主催の「産学協同特別セミナー」(BKCで開催)で筆者が行なった基調講演「大学創造と社会的ネットワーク」の記録である。

当時立命館大学は、一九九四年四月BKC開設と理工学部拡充移転を果たし、産官学連携によるテクノコンプレックスの構築を推進して、BKCでの教育・研究の展開に社会的な注目を集めていた。さらにこのBKCには一九九八年四月文理融合を掲げて、経済、経営の二学部の移転・新展開が迫っていた。このような雰囲気のなかで、一九九七年秋、BKCで上記のセミナーが開催され、筆者がその間の立命館大学の取組みの基本的立場を語ったのがこの講演であった。

この講演の記録は、『全私学新聞』一九九八年二月三日号に所収された。

1. 厳しさ増す学生確保――転換に立つ大学の運営基盤

現在、日本の大学、持に私学が抱えている大きな問題は四つほど考えられます。

一つは少子化を背景に、これまで繰り返しいわれてきたことですが、大学運営の基盤が大きな転機に立っているということです。進学対象年齢層である一八歳人口は一九九二年の二〇五万名をピークに減りはじめ、その後も減少し続けています。二〇〇九年には大学の入学定員と志願者の数がほぼ同数になり、大学へ入学を希望する人はだれでも入学できるようになるといわれており、学生の確保は一段と深刻な問題になるでしょう。

この状況の中を大学が生き抜くために、いかに元気のある、つまり魅力ある大学をつくり上げるかが問われています。この問題では、大学に入学する世代の対象を一八歳の層だけではなく、生涯学習社会における社会人の学習希望者層にも照準を合わせなければならないといわれています。

しかし、今日の段階では、生涯学習社会が到来して大学へ入る年齢層もおのずから広がってくるという安易な展望でそれが実現できるというものではありません。立命館大学は昨年から毎年三二〇名の社会人を受け入れ二年目を迎えていますが、これだけの数の社会人学生を毎年迎えるために、広範な社会人の大学志願者層の発掘に大きなエネルギーを注いでいます。

2．問われる大学の仕組み——既設学部・学科の再編急務

二つ目の問題は、戦後日本の大学の歴史が五〇年を経過した中で、大学の学部や学科の編成、教え方など教育の仕組みが問われていることです。特に法学部、経済学部、商学・経営学部、文学部などの学部で構成されている総合大学の仕組みが大きく問われています。若い世代の人々は既設の学部を選択して入学してきますが、入学してから既存の学問領域にとらわれない学際的、総合的な学習を欲する学生が急速に増えています。複雑な社会の変化に対応した自然な欲求といえます。日本の大学が現代の学生のこうしたニーズに応えているか否かということです。その状況に応える方法としては、新しい学部や学科をつくって学生のニーズに対応する方法がありますす。これは比較的簡単な方法です。

それに比べ、既設の経済学部や文学部、法学部など歴史のある古い学部をニーズに合わせて再編成するというのは、新しい学部や学科を創設するよりもはるかに難しい。だれもが再編成の必要性を感じており、総論には賛成します。しかし、各論に入ると百家争鳴、学内のコンセンサスを得るのが大変です。これは非常に難しい問題ですが、今の日本の大学は、これを実現しなければ新時代の教育や研究に即応できない状況になっています。学部などの再編成はたいへんだからと避ける傾向がありますが、困難であってもぜひともこれを成し遂げ、時代のニーズに応えなけ

ればなりません。

立命館大学では今春、京都の衣笠にある経済学部と経営学部の学生七千数百名を一挙に、一九九四年四月に開設したびわこ・くさつキャンパス（BKC）に移して、現在ここにある理工学部と合わせ、三学部の新しい融合化を図ります。「インスティテュート」と呼ぶ新しい文理融合型の学際的教学システムの導入です。

この新教学システムを導入するのは、国際社会で役立つ教育を実現し、社会の要請に応える人材を育成するためです。これは、本学の再編成の試みの一つではありますが、このような既設の学部、学科の再編成は日本の大学に迫られている課題だと思っています。

三つ目は従来からいわれてきた国際化という課題です。一九七〇年代の終わりから八〇年代の初めにかけて国際化、情報化が叫ばれはじめ、耳にタコができるほど聞かされてきたし、いってもきた課題です。私はいま、立命館アジア太平洋大学という新しい国際大学をつくる責任を負っており、比較的に、諸外国をまわる機会が多いのですが、その中で、新たに実感していることがあります。日本では各大学とも国際化をめざし、一生懸命その方策を推進しておりますが、一歩国外へ出てみて、日本の大学が世界の中でどれほどその存在を認知されているか考えた時、私は寂しい状況にあるのではないかと感じています。

もちろん国際化がよく知られている大学もありますが、それは例外です。私は特にアジア地域を回ることが多いのですが、とにかく日本の大学の存在が薄いのです。それは、アジア地域から日本へ来る留学生の数が伸びないということにも端的に現れています。政府は二〇〇〇年には受け入れ留学生数を一〇万名まで伸ばす計画を持っていますが、文部省の統計によると日本の受入れ留学生数はこの三年間、五万二、〇〇〇～五万三、〇〇〇名のところで頭打ちです。アジア地域から外国留学を志す学生たちに聞いてみると、日本での生活費の負担が重いというのも大きな理由ですが、日本の大学教育の仕組みに対する親近性が乏しいというのが、日本以外の諸外国へ留学生が向かう大きな理由になっているように思います。アジア地域からは、アメリカ合衆国、カナダ、ヨーロッパ、また近くでは、オーストラリアに圧倒的な数の留学生が向かっています。日本の大学が国際化をめざすなら、もっと日本へ積極的に留学する層を広げる必要があります。

それには日本の大学教育のあり方を国際互換性のある教育の仕組みに転換していかなければなりません。国際化をめざして私たちは様々な努力をし、学生の海外留学や学生の交換などを進めてきました。しかし、日本の大学で、例えば日本語はできないけれど英語はできるという学生諸君に単位を取らせ、卒業させる仕組みを用意しているところがどれだけあるのか。これは、立命館大学においても問われているところです。留学生が日本の大学に入って勉強する場合、何よりもまず最初に日本語を習得しなければならない。しかし日本語を習得するのに少なくとも一年や二年は必要とします。留学生にとって一年、二年の投資は大きい。こうした障壁が今の留学生数頭打ちという状況を生み出しているのだと思います。

国際互換性のある教育を導入しなければ国際的に本当に存在感のある大学をつくることはできません。これは私が現在進めている立命館アジア太平洋大学開設の仕事の中で深刻に考えている問題です。企業の皆さんがよく話題にする「グローバル・スタンダード」という問題は、まさに高等教育、大学に大きく問われているのではないかと思います。

3．財政基盤の確立の重要性――社会的ネットワークの確立・強化

四つ目は、財政基盤の問題です。日本の大学、特に私学は財政基盤の弱さということで大きな問題を抱えています。ただ、最近は国・公立の大学でも国や自治体の財政状況から研究教育費に制約がかけられていると聞いています。私学の財政の七割は学生たちの納入する学費によって賄われています。日本の学費はもう上限にきており、学費を上げて大学の財政を維持するということは次第に困難になりつつあります。しかし、一方で大学は、情報化一つをとってもその教育基盤整備のために多くの費用を必要としており、これは一つのジレンマであり、難問であります。

私はこれら四つの問題を解決するための共通のキーワードは、大学が企業や自治体、地域などとの社会的なネットワークを構築していくことだと思います。なぜなら、これらの問題は、大学

の枠内だけでは解決しきれない段階にきているからです。財政的な問題に至っては、大学の中だけで全部解決しようとするとだんだん状況が悪化して、縮小再生産の道しかありません。むしろ大学が企業や自治体組織との連携を深めながら大学をつくり上げていくという観点が不可欠です。本日の「大学創造と社会的ネットワーク」というテーマは、現在、日本の大学が迫られている課題を簡潔に表現していると思います。

社会的ネットワークを具体的にいうと、産業界と大学の連携、官界や地方自治体と大学の連携、地域と大学の連携などです。産学連携、産官学連携というのはよく聞かれる言葉ですが、私は最近、地学連携という言葉が大切だと思っています。大学が存立している地域、例えば立命館大学ですと京都市と滋賀県草津市、さらに立命館がこれから新しく大学をつくる大分県や別府市などの地域、これらの地域と大学の関係をなおざりにして、今後の大学創造は成り立ちません。立命館は外部や文献から観念的に社会的なネットワークの大切さを学んだのではありません。実際に私たちが新キャンパスを草津市につくらせていただいた経験の中からこれを学びました。この社会的ネットワークを大学が緻密に構築していくことが、これからの大学創造にとって重要なことであり、本日のテーマの結論のようなものです。

4. 改革の第一歩——国際関係学部の新設

立命館大学が新しい改革の動きを始めましたのは、一九八〇年代の半ばすぎからのことです。当時、国際化が大きな課題となり、国際化にどうキャッチ・アップするかが大きな議論になり、多様な角度から検討が行われました。その結果、一九八八年に国際関係学部という新しい学部をつくり、当時六つあった学部を七つに増設しました。立命館大学における学部の新設は二〇数年来のことでした。新学部をつくり国際化の第一歩を踏み出したこの時、本学の体質を変えるという作業がはじまったように思います。

1994年4月びわこ・くさつキャンパス（BKC）開設記念パンフレット

その際に、私たちは改めて社会との連携を重視しなければ新しい教育はできないと考え、新学部には学外の企業からこの分野の専門家に出向してもらい講義を依頼しました。過去には例のなかったことです。また、カナダのブリティッシュ・コロンビア大学と大きなジョイント・プロジェクトを組み、先方の大学内にハウジングを作って毎年一〇〇名の学生を留学させようと考えたのも、これがきっかけです。

立命館大学の次のステップはこれらの作業よりも数段スケールが大きいＢＫＣを九四年に開設したことです。そして、衣笠にあった理工学部をここに移しました。理工学部を移転するという計画は既に国際関係学部がスタートした八八年にはじまっていました。理工学部は二一世紀における先端的な科学技術の発展を担う学部であり、その抜本的な充実は不可欠であるということで、移転場所の確定の前に移転がまず決定されたのです。それからは移転場所を求める作業がはじまりました。

しかし、私学の財政は乏しく、土地を獲得し建物を建てることは簡単にはできません。そこで、どこかの自治体と協力関係を結ぶことを模索する中、滋賀県と草津市から都市計画の一環としてＢＫＣの広大な敷地を提供していただくことができ、最新設備の整ったキャンパスが誕生しました。これは滋賀県と草津市の全面的な協力がなければ実現できなかったことです。この経験から、私たちはこれからの大学というのは自前の資源、自前の力だけで大きな計画を実現しようとしても限界がある、やはり自治体や企業の協力を得ながら教育の理想を実現することが大切だということを勉強したと思います。

5．大学・社会・地域ニーズのドッキング――大規模プロジェクト実現

ご承知のように、一九九〇年代に入ってバブル経済がはじけ、経済状況が一変しました。「寄付や一方的な協力をお願いするという形で、計画を進めようとしてもいまの状況では限界がある。」そう考えた私たちは、新たに発想転換を図り、立命館大学がもっている様々な知的資源や物的資源などを、企業や地域のニーズとドッキングさせることを考えました。私たちにできることを具体的に提案して、ビジネスライクに、ギブ・アンド・テイクの考え方で大学と企業、大学と地域の関係構造を図ることです。そう決まると、私たちの活動も変わってきました。いままでは大手企業から寄付を募ることが中心だったのですが、それからは大学の知的資源に関心を持っている企業に私たち自身が足を運んで、企業のニーズを把握するとともに、大学の研究資源を提示し、この両者の相互協力で実現可能な企画を提案するという方法で、大学が自ら「営業」を展開しました。

この営業の過程で私たちはいろいろなことを勉強するとともに、産学連携のルールをつくり、組織をつくってきたと思います。九〇年代の困難な経済状況のもとで産学連携の方法を考え、理工学部の充実にどうやって取り組むか、という模索の中から多くの産学連携施設や、社会に向けた窓口として「リエゾンオフィス」などの組織が生まれてきたのです。今では企業の方から大学

を訪れてくださるようになりました。

私たちはそういう経験をもとに、次の仕事として大分県別府市で立命館アジア太平洋大学という、立命館大学と並ぶ、もう一つの大学の創設を計画しております。開学は二〇〇〇年四月の予定です。要点だけを申しますと、この大学は地方自治体の大分県と別府市、学校法人立命館とのジョイント・プロジェクトで進められています。ＢＫＣ開設のケースより、さらに大きなジョイント・プロジェクトです。既にアジア太平洋地域の皆さんに新しい大学の創設が広く知られるようになっています。また、このプロジェクトは、国内外の各界の多くのリーダーの方々や企業から広く支持、支援をいただいております。

この大学創設のキー・コンセプトは、留学生と日本人学生の数を半々とすることです。まだ申請前ですが、二学部八〇〇名（一学年）で半分の四〇〇名を留学生で構成しょうという計画です。現在海外からの留学生数が頭打ちの状況で大胆な試みと思われる向きもあるでしょうが、私たちもそのことは重々考慮に入れた上で、今まで日本の大学が試みたことがないような留学生へアプローチを進めております。

その際、講義の基本となる言語を英語と日本語の二本立てにすることで、英語のできる学生は、日本へ来てすぐに勉強を始められる学習環境をつくり、日本語の障壁をなくします。そういう環境をつくるというのも特色の一つです。そのための整備をして、教員の三〇％から四〇％は外国人を採用したいと考えており、その目途もほぼ立ってきております。

私たちはこの大学を日本の中にある「グローバル・スタンダード」の大学として構築したいと思っています。本当に魅力のある大学にできるかどうかは私たちの力量次第ですが、これも私たち立命館の枠内だけで考えても実現はできないと思います。社会的ネットワークを抜きには新しいプロジェクトの実現は考えられないことであります。結論的に申しまして、大学がいま抱えている課題克服の方策は社会的にネットワークをどう根づかせ、広げていくかということに帰着します。

大学が自前主義で何もかもを成し遂げうる時代は終わりました。企業や自治体などの組織と協力関係を緻密につくり上げながら、大学も新しい課題に即応して絶えず自己改革を成し遂げていく、それがこれからの大学の姿ではないかと思っています。

6 国際スタンダードの大学づくりをめざして

〔二〇〇二年〕

〔解説〕

この稿は、私学経営研究会刊行の『私学経営』からの求めに応じて、二〇〇〇年四月に開学した立命館アジア太平洋大学（APU）の特徴や取組みのエッセンスを国際スタンダードの大学づくりという観点からまとめたものである。

APU創設の話は一九九四年の春からであるが、筆者はAPU創設にその話の始まりから関わった。当時立命館ではびわこ・くさつキャンパス（BKC）がスタートし、理工学部の拡充移転が一段落したところであったが、引き続き二つの大きな課題が浮上した。一つは理工学部が移転したBKCにさらに文系学部を移転するという課題であり、もう一つが大分県との公私協力による新大学の開設という課題であった。前者は一九九八年四月に経済、経営両学部の移転・新展開として、後者は二〇〇〇年四月にAPUの創設として実現した。筆者は当時学校法人立命館の副総長という立場にあったので、これら両方の課題に直接の責任者として関わることになった。

特にAPUは一九九〇年代後半の数年、全力を注いだ課題であった。開設後のAPUは日本ではこれまで取り組まれたことのない国際的な大学づくりとして国内外から広く注目を浴びていた。各種のメディアから大学関係者にひっきりなしに取材があったが、それに応えたものの一つがこの稿である。私学経営研究会『私学経営』第三二五号、二〇〇二年三月号、に所収された。

1. 日本の大学をめぐる環境変化

日本の大学をめぐる環境は大きく変化しています。改めて述べるまでもないこともありますが、私の問題意識に沿って強調したいのは、特に以下のような点です。

一八歳人口の動態の問題

第一は、日本の一八歳人口の急減が大学教育や大学経営に及ぼす影響であります。この点は、既に一九九〇年代初頭、一八歳人口がピークを迎える段階から、いずれこのような時代が来ることは確実に予測されていたのですが、いまいよいよこの問題の深刻さが正念場を迎えているわけです。この点はすでに日本の大学関係者にとっては、多くを語る必要のない点であります。

大学「大競争時代」

第二は、日本の四年制大学の約七分の一を占める国立大学の管理運営方式の改革が本格的に動き出したことです。いわゆる国立大学の「独立法人化」の動きですが、これによって日本の私立大学は、国・公立大学とより直接的に大学づくりのしのぎを削ることになるということであります。すでに長年にわたって国費投入によって蓄積されてきた豊富な教育研究資源を擁する国立大学が、新しい独自の大学マネジメント方式を採用し、大学づくりに動き出した場合、財源を主として学生納付金に依拠し、財政基盤に大きな制約をもつ私立大学は、第一の一八歳人口の減少と相まって、深刻な大学経営の課題に直面することにならざるをえません。いまこうして国立大学の独立法人化をきっかけとして、日本の大学はいわば「大競争時代」を迎えているわけです。このような環境の中で、大学は国・公立も私立もそれぞれ、より特徴、個性のある生き生きとした大学づくりをいかにして進めるかが本格的に問われることになります。

「学生がもっと勉強する大学」づくり

第三は、今日の日本の大学の教育現場の問題であります。日本の大学は、後に触れる国際化の課題も含めて、多くの改革課題に直面しています。しかし、他方、大学にとってその存在意義の要である教育の現場に目をやりますと、学生の基礎学力の低下や勉学意欲の停滞が大きな問題となっている状況があります。大学関係者にとっては内心忸怩たるものがありますが、「学生がもっと勉強する大学づくり」が真剣に考えられなければならない課題となっているのです。

私はこの点で、現在の日本の大学は学生たちが真剣に勉学意欲を高める刺激的な環境と、勉強せざるをえないシステム（仕組み）を早急に工夫する必要があると考えています。それを一様に述べることはできませんが、それぞれの大学の理念や個性に合わせて、このような環境と仕組みを装備すれば、日本の学生達は世界のどこにも負けない能力を発揮すると確信しています。

「国際的に通用力があり、信頼され、評価される大学」づくり

第四は、日本の大学をめぐる国際的な競争の問題であります。日本の外へ目を転じてみますと、すでに一九八〇年代以来、大学界の激しい国際的な競争は常識でありました。特にアジア地域の高校生の大学選びが国際化し、各国・地域で、それぞれ国内・地域内の大学と米欧の大学が厳しい選択の目にさらされる中で、各大学は互いにその教育研究水準や特徴、個性を競ってきていました。しかし、残念ながら、日本の大学は海外からの留学生受入れを希望しつつも、大学そのものをこのような国際的環境の中におき、国際的に通用力があり、信頼され、評価される大学づくりを意識的に目指しているとはとてもいえない状況が続いてきました。

しかし、社会、経済全体のグローバリゼーションが急速に進むなかで、またより多くの優秀な国際学生や研究者の受入れが必要となる中で、ようやく日本の大学は、自らが取り巻かれている国際環境の厳しさに目覚めつつあるように思われます。

大学の国際化は、長くいい古されてきました。しかし、日本の大学の国際化はこれまで、いわば「出かけていく国際化」に大きな力を注いできました。それは、条件の整ったごく一部の学生だけが享受できる海外留学や海外研修です。しかし、いま求められているのは、逆に「迎え入れ

る国際化」です。それは、日本の大学にもっともっと多くの国際学生や研究者を迎え入れ、日本の大学そのものを国際的な環境をもったものとすることであります。

しかし、このような大学の国際化を進めていくためには、日本の大学の教育や研究が国際的な通用力を持ち、国際的に信頼され、評価されるものとならなければなりません。それなしには、いくら口でいってみても多くの優れた国際学生や研究者が日本の大学に往来してくれないからです。大学の国際化という場合、まず、第一に聞かれますのはこの点であります。

そして、日本の大学にいま問われているのは、すでに第一～第三で述べましたような試練を、この第四の課題、つまり「国際的に通用力があり、信頼され、評価される大学づくり」へのバネとして活かしていけるかどうかということであります。

この点で、まず最も基礎的なところで「学生がもっと勉強する大学づくり」は特に急務であります。いま、率直にいって日本の大学教育システムは、学生の能力を磨く点で国際的に高い評価を得ているとはいえません。その一つの点は残念ながら、日本の大学生は、もとより人によるわけですが、一般に入学したらあまり勉強しないということであります。この点を早急に改革していくことが、日本の大学の教育効果の点で大切なことはもちろんですが、同時に日本の大学の国際的信頼性、目際的通用力の点でも極めて重要な課題であります。

2. 急がれる大学教育の国際スタンダードの確立

変化する国際環境の中で、日本の大学が国際的信頼と評価を確保していくためには、前述のように「学生がもっと勉強する大学づくり」をすることはいうまでもないことですが、さらに積極的に、早急に世界の大学との自由な交流が可能な組織的、システム的な条件をつくり上げる必要があります。

この点では、特に大学教育の国際的なシステム互換性の確立が急務です。最近日本で大学の国際競争力とか国際水準が問題とされることが多くなっていることは、大いに意義があることですが、この場合どちらかといえば、日本の大学の「研究」力量の点が問題とされています。他方、日本の大学の「教育」力量の側面については、これを一体として論じられることは少ないように思われます。

2000年4月開学した立命館アジア太平洋大学（APU）の大学案内パンフレット

しかし、日本の大学の研究力量の問

題はその教育力量と一体のものです。日本の大学は、早急にその教育力量を高め、それによって国際的に魅力のある大学をつくり、そこに国際的に有為の人材が集ってくるような環境をつくり出すことが必要とされているのです。そのような多才で有能な人材の集まる教育環境こそが、将来日本の研究水準を支える条件をつくり出すことになると思われます。

そのためには、まず何よりも日本の大学の教育システムを国際的に互換性のあるオープンなものに再構築する必要があります。そして、この側面から、日本の大学の国際的魅力と、人材養成能力を世界に示していくことが求められています。

このような日本の大学教育の国際的互換性の確立にとって、最も基本的な条件の一つが、大学教育における使用言語の国際化であることはいうまでもありません。日本語のみによる日本の大学教育の環境がその国際的互換性、オープン性を大きく妨げていることは、衆目の一致するところです。日本の大学は、まずこの点からその教育システムや教育スタッフの再編成に取り組まなければならないでしょう。

二〇〇〇年四月に開学した立命館アジア太平洋大学（ＡＰＵ）は、このような大学をめぐる国際環境の変化を意識し、それへの対応を日本の大学としては、もっとも先進的に取り組んだものであります。ＡＰＵは以下のようなこれまでの日本の大学では試みられなかった新しい仕組みを用意しております。

「国内学生五〇%・国際学生（留学生）五〇%」

その要をなしているのは、学生の半数を外国から迎え、日本の学生と国際学生を五〇%対五〇%で編成している点です。ＡＰＵの学生数規模は一学年八〇〇名ですので※、一学年四〇〇名、四学年では一、六〇〇名の外国からの国際学生がＡＰＵのキャンパスで学ぶことになります。この「国内学生五〇%・国際学生五〇%」の仕組みこそは、ＡＰＵの最大の特徴であり、ＡＰＵの国際性と革新性を象徴する点であります。

※　二〇一一年度には、一学年の学部学生定員は一、三〇〇名、したがって六五〇名が国際学生（学部）となる。

このような仕組みの実現については、構想の当初、周りからその困難性が多く語られました。しかし、私たち立命館の関係者は、この仕組みによって創り出される「マルチカルチュラル」な教育環境の実現こそこの大学の開設することの生命であると考えて、努力いたしました。

現在まだ開設二年目ですが、計画どおり順調に進んでいるといえます。現在、ＡＰＵには、世界六四の国・地域から約九〇〇名の国際学生が在籍し、日本国内からの学生約一、〇〇〇名とともに勉学に励んでいます※。

※　二〇一一年五月一日現在では、世界八一ヶ国・地域から約二、七〇〇名の国際学生を迎え、国内学生約三、三〇〇名

と合わせて、合計約六、〇〇〇名の学生が学んでいる（ただし大学院を含む）。

このような「マルチカルチュラル」な教育環境の創造は、現在日本の大学教育現場が抱えている様々な問題、たとえば勉学意欲の停滞や基礎学力の低下などの問題に対しても、大きな刺激を与えてくれると考えています。実際にAPUでのこれまで二年間の短期間の経験ですが、外国からの留学生の高い勉学意欲や活発な活動が、日本の学生たちの勉学態度に極めて積極的な影響を与えていることが観察されています。私は、先ほど述べました「学生がもっと勉強する大学づくり」に関しても、まず何よりも教育現場の抜本的な国際化、マルチカルチュラル化が必要なのではないかと考えています。

英語・日本語併用システム

実際に、APUの様々な仕組みの上の特徴は、基本的にこの「国内学生五〇%・国際学生五〇%」のコンセプトを具体化するために必然的に導かれたものであるといってよいでしょう。その一つは、講義における使用言語を英語と日本語の二言語にするという点です。

現在、日本への留学が敬遠される大きな理由の一つは、日本語の事前学習を必要とする日本の大学の勉学環境の問題にあります。外国留学をめざすアジア地域の学生たちは、すでに相当の英語運用能力を身につけています。しかし、日本の大学への留学を目指す学生は日本語の事前学習のための余分な労力と時間と費用を強いられることになっています。もし、日本の大学が英語による教育システムを備えていれば、アジア地域からも、また全世界からも、もっとたくさんの若い優秀な人材が日本の大学にアプローチしてくるであろうことは間違いありません。

現在日本の大学が抱えている日本語による教育システムの制約を抜本的に改善しようとするのが、ＡＰＵにおける英語・日本語二本建ての教育システムの開発であります。これによって、入学時点で英語の運用能力を備えていれば、たとえ日本語の運用能力が不足していても、大学の正規の授業を受講することができ、前半二年間の学習システムのなかで、どちらの言語でも受講が可能となるよう、基礎学力と言語トレーニングがなされていくことになっています。これによって、ＡＰＵへは、国際学生のアプローチが格段に容易となっています。

外国人出身の教員比率五〇％

以上のような国際的で「マルチカルチュラル」なキャンパス環境での教育システムを支えるためには、さらに教員の編成についても当然、抜本的な国際性が求められます。学生の構成が「国内学生五〇％・国際学生五〇％」となるのですから、教員の編成もその半数は外国出身の教員としたいと考えました。そこで、これを実現するために、教員の募集もこれまで経験的にやってきた方法をやめて、インターネットを用いて全世界に応募を呼びかけました。これには、世界各国・地域から予想をはるかに上回る応募が寄せられました。

結果として、実際に教員一〇五名の約五〇％が外国出身者から構成され、しかも一七の国籍をもつ、多彩な構成の教員スタッフが就任しています。

3．国際スタンダードの大学マネジメントをめざして——意思決定のスピード化を

1では、今日の日本の大学をめぐる環境変化の大状況を一般的に述べましたが、私たち日本の大学関係者はいま、これらが発生する様々な改革課題に直面しています。2で、私どもAPUの例で紹介しましたような、大学教育の国際スタンダードづくりもそうですが、さらに産官学連携の強化、国際的な大学間ネットワークの構築、教育面におけるこれまでの学部・学科割りを越えた新しい人材育成としての文理融合システムの開発なども重要な課題です。また、これまで企業内や既存の社会機関に依存してきた高度な専門家人材の養成機関としてのビジネス・スクールやロー・スクールの確立も差し迫った大学の改革課題であります。

もとより、一つの大学がこれらの課題を全て取り組まなければならない訳ではありません。しかし、これらの一つの課題だけでも、それを実行することは、これまでの日本の大学のマネジメ

ントの仕方や慣行、意思決定の決定に対する大きな挑戦となるものです。

スピーディーな意思決定

今日、日本の大学が直面しているマネジメント上の課題の第一は、先ず何よりも、その意思決定のスピードの問題であります。米欧の企業に比べますと、日本の企業の意思決定が迅速性を欠くといわれています。これでは、厳しい国際競争の中では対応が遅れてしまうというわけです。企業経営にしてこのようなことが語られる時代であります。まして大学はそのような環境にさらされることはこれまでなかったわけですから、無理もないわけです。

大学ではこれまで環境との関係よりも、むしろ組織内部での調和や論理一貫性が意思決定の基本に置かれてきたところがあります。しかし、一般の企業経営と目的は異なるとしても、大学も激変する環境への対応を間違えば、あるいはそれが遅れれば、組織そのものが崩壊しかねない状況に直面しています。内部の論理にこだわっていて大きな改革の意思決定を誤れば、その損失は甚大なものとなる危険があるのです。

その際大切なことは、行おうとする意思決定の方向、内容が正しくても、そのタイミングを誤れば無意味な意思決定となることがあるということであります。意思決定にはその内容と同時に、そのタイミングが極めて大切であり、従ってまたそのスピードが絶大な価値をもつことになるのです。

縦割り組織の克服

しかし、この点は、大学という組織がこれまであまり得意としなかった点であります。それは一つには、先に述べましたように、これまでの日本の大学は組織内部の調和や論理一貫性が優先したということと同時に、さらに既存の学部や学科といった縦割りの組織、特に学部別の教授会が固く築かれており、この縦割り組織におけるそれぞれの意思決定が学部自治の名のもとに、全体の意思決定を左右する状況が根づいてきているということです。

しかし今日、日本の大学が直面している改革課題をみてみると、すでに少し触れましたように、その枢要の課題は、みな既存の縦割りの仕切りを越えたところで推進しなければならないものばかりなのです。

国際化に相応しい教育システムの開発にしても、高度専門家養成のための新しいスクールの創出にしても、多分にそのような性格をもっています。そして、文理融合型の人材養成ということになりますと、これまで日本の大学の教育組織を支配してきた文系、理系といった仕切りを大胆に見直すことが求められることになります。このような改革課題のためには、もはや教授会組織を基本とした縦割りの意思決定では対応しきれなくなっているのです。

もとより、現在、日本の各大学は、各種の改革課題に直面して、急速にその意思決定の仕組みを改革しつつあります。もはや、旧来の縦割り組織型の意思決定だけに依拠していることは少なくなってきているといえるでしょう。教授会と並んで、例えば様々のプロジェクト組織が実質的な意思決定に関与することも多くなっていると思います。

しかし、先ほど述べたような改革課題に対して、求められる状況適応的なスピーディーな意思決定のためには、その仕組みをもっと合理的なものにする必要があります。

トップマネジメントのリーダーシップとスタッフ機能の充実

このように述べると、それでは「お前は理事長や総長・学長らのトップダウンで全てを行えといっているのかと、多分反発を受けることになるでしょう。しかしこのようなスピーディーな意思決定は決して、トップダウン的な意思決定だけを意味している訳ではありません。今日の日本の大学においては、スピーディーな意思決定は、①理事長・総長・学長などのトップマネジメントの強力なリーダーシップと、②環境変化を敏感にキャッチしてこれに対応する、あるいはそれを先取りする戦略作成を機敏に行うスタッフ機能が結合することによって可能となるものであります。前者のトップダウンだけでは、決して適切でスピーディーな意思決定はできないと、私は考えます。大切なことは、トップマネジメントが既存の縦割り組織（教授会）を越える有能なスタッフ集団を既存の組織の協力を得て確立し、それを十分に使いこなせるかどうかということに懸かっているのではないかと思います。

そして、さらにもう一つ念押しでいいますと、既存の縦割り組織の協力を得て、それを越えるスタッフ集団を作り上げるということの大切さであります。せっかく有能なスタッフ集団を作ったつもりでも、それが既存の組織から遊離したものであれば、結局そこから生まれたアイデアや政策も既存の組織から支持されず、実行に移せなくなってしまうからです。

日本の大学にとって、意思決定のスピード化は、これからマネジメント面での国際スタンダード確立の要となってくることでしょう。そして、それがまた、日本の大学が教育研究の面での国際スタンダード確立のために不可欠な要因となってくることはまちがいありません。

7

公的サービス機関の改革をいかに進めるか

――大学のイノベーションを求めて――

〔二〇一一年〕

〔解説〕

この稿は、二〇一一年刊行の拙著『ドラッカーの警鐘を超えて』東信堂、の六章「公的サービス機関のイノベーションをいかに進めるか――大学のイノベーションを求めて」に所収されているものである。

同上書はドラッカーの残した各種の警鐘を軸にしてそのいくつかを後進のものがいかに越えようと努力してきたかを辿ろうとしたものであるが、ドラッカーの残した重要な警鐘の一つに、「公的サービス機関におけるイノベーションをいかに進めるか」という課題がある。筆者はこれを自分が経験した大学を舞台として論じようとした。公的サービス機関のイノベーションは、ドラッカーが強調するように、企業以上に必要であるが、企業以上に難しい。その際、ドラッカーが重視しているのは、公的サービス機関における目標管理の重要性である。収益性という成果指標をもたない公的サービス機関が成果を社会に示すには、目標管理が不可欠だからである。ここでは、筆者が実際に関与した大学の自己点検・評価活動の経験から、大学の目標管理とイノベーションが論じられている。筆者の確信は、難しい公的サービス機関のイノベーションは、構成員の自覚による目標管理の徹底なくしては進まないということである。

はじめに

筆者は、一九九八年四月、本務校立命館大学の教学部長という仕事を預かることになり、それ以後、二〇〇四年三月の定年の時まで、学校法人立命館の副総長や立命館アジア太平洋大学の学長など、大学の管理運営に直接に関与することになりました。その間一貫して私の課題は「大学改革」であり、「大学のイノベーション」でした。

そのようなこともあって、ドラッカーの「イノベーション論」は、私にとって大きな励ましであり、支えでした。

とくに、一九七四年刊行の『マネジメント――課題、責任、実践』第Ⅰ部「マネジメントの役割」における「公的サービス機関の成果」と、一九八五年刊行の『イノベーションと企業家精神』第一四章「公的機関における企業家精神」で説かれている「公的サービス機関のイノベーション」論は、私自身が本務校立命館の管理運営に直接に関わるようになるにしたがって、ドラッカーのそれまでのどの著作よりも、私にとって身近なものとなりました。

私はこの大学の管理運営の仕事の過程で、思いもかけずドラッカーから直々に厚誼をいただく幸運にも恵まれました。私にとっての立命館での仕事の最大の課題となった立命館アジア太平洋大学（APU）の創設で、ドラッカーから直々に温かい励ましのメッセージをいただくことになったからです。このようなこともあって、私にとってドラッカーは一段と親しみの深い存在となりました。

私は、関わった立命館の管理運営のなかで、事業的に三つの大きな大学のイノベーションを経験しました。第一に「大学コンソーシアム京都」の前身、「京都・大学センター」設立、第二に立命館大学における経済・経営二学部のびわこ・くさつキャンパス（BKC）移転と「BKC新展開」、第三に「立命館アジア太平洋大学（APU）」創設です。これらの課題の遂行過程で、ドラッカーのイノベーション論から陽に陰に大いに励ましを受けました。

これらのイノベーションの実践とそこから筆者がえた教訓は、拙著『大学のイノベーション—経営学と企業改革から学んだこと』二〇〇七年、東信堂、や『ドラッカー再発見』二〇〇八年、法律文化社、で紹介したことがあります。

ここで、大学におけるイノベーションの課題と実践についてドラッカーはどのような警鐘を私たちに残しているのかを、改めて考えてみたいと思います。

もとよりドラッカーは、自ら大学で長らく教鞭をとられましたが（サラ・ローレンス大学、ベニントン大学、ニューヨーク大学ビジネス・スクール、そしてクレアモント大学で）、大学そのもののイノベーションについて具体的にそれほど多くのことをいい残しているわけではありません。しかし、ドラッカーの社会観察とマネジメントの教えは、大学のイノベーションを考えるものにとっても多くの深い教訓と警鐘を残しています。

1．公的サービス機関におけるイノベーションの必要と難しさ
——ドラッカーの『マネジメント』と『イノベーションと企業家精神』が教えてくれたこと

ドラッカーの『イノベーションと企業家精神』は「イノベーションのための七つの機会」論をはじめ、これまでになかったイノベーションの実践論として、これまで多くの人々から評価されています。数あるドラッカーの著作のなかでも広く愛読されている著作の一つでしょう。

私が本書から受けた影響の最大のものは、本書第一四章の表題でもある「公的サービス機関における企業家精神」でした。同上書および、その先駆けをなした『マネジメント』第I部の「公的サービス機関の成果」は、大学の管理運営に携わった私にとって、いわば精神的指針でありました。

一般に、政府機関や学校、各種慈善団体などの公的サービス機関の管理運営は、営利組織としての「企業とは異なる」という通念が働いてきました。それは、現状を積極的に改革することに対する強い抵抗として作用してきました。この二〇年の間、世界的に公的サービス機関の「民営化」が大きく進んできましたが、それでもこの通念は根強いものがあります。なによりも、公的サービス機関内部の構成員には、この「公的サービス機関は企業とは異なる。企業のようなイノ

ベーションは馴染まない」という意識がまだ強く残っているからです。教育の世界では、経営が民営である私立大学、私立学校でもこの点は変わりません。

このような状況にあって、「公的サービス機関も、企業と同じように、企業家としてイノベーションを行わなければならない。いや、むしろ企業以上に企業家的であることが必要である」（P・F・ドラッカー『イノベーションと企業家精神』原著一九八五年：邦訳、二〇〇七年、ダイヤモンド社、二〇七ページ）というドラッカーのイノベーション論、とくに「公的サービス機関における企業家精神」論に出会ったことは、私自身を大きく勇気づけてくれるものでした。

しかしドラッカーは、「公的サービス機関も、企業と同じように、企業家としてイノベーションを行わなければならない。むしろ企業以上に企業家的であることが必要である」とする一方で、「公的サービス機関がイノベーションを行うことは、最も官僚的な企業と比べてさえはるかに難しい」といいます。そして、それは、「既存の事業が企業の場合よりもさらに大きな障害となる」からであるといいます。（以上、同上書、二〇七ページ）

ドラッカーは、公的サービス機関が企業の場合よりも、既存の事業がイノベーションの障害となる理由として、三つの点を挙げています。（同上書、二〇九～二一一ページ）

（一）第一は、「公的サービス機関は成果ではなく予算にもとづいて活動する」組織であって、売上げのなかから代価が支払われる組織ではない、ということです。このような組織では、予算規模こそが組織成功の指標となるのであり、予算規模の縮小につながる組織活動の縮小、削減には大きな抵抗が生ずるといいます。

(二) 第二は、「公的サービス機関は非常に多くの利害関係者によって左右される」ということです。公的サービス機関には、企業の場合のように、自分たちがそこから支払いを受ける売上げというものがない。したがって、企業の場合には結局、消費者の満足が優先し、基本的にその関係の成功が他の関係者の満足を導くことになるが、公的サービス機関の場合にはそのような核になるものがなく、すべての関係者を満足させなければならない。どのような組織においても、新しいことの導入は利害関係者の論議を呼ぶが、それをすべての関係者の満足のいくようにすすめることはなかなか難しいというわけです。

(三) 第三は、これが実はもっとも重要な理由なのですが、「つまるところ、公的サービス機関は善を行うために存在する」ということです。このことは、公的サービス機関は、自らの使命を道義的な絶対とし費用対効果の対象とはみなさないことを意味します。したがって、公的サービス機関に対してイノベーションを推進し、何か別のことを行うよう要求するならば、それはその機関の存在理由、理念に対する攻撃として反撃を受けることになるといいます。そしてこれが、公的サービス機関のイノベーションがなぜ既存の機関から生まれ難いかを説明する最大の理由であるといいます。

2．迫られる大学のイノベーション

ここでは、ドラッカーの社会観察とマネジメントの教えが私たちの直面する大学のイノベーションにどのような課題と警鐘を残しているかを考えようとしています。

大学は、いうまでもなくドラッカーがいう「公的サービス機関」を代表する存在であります。したがって、それは企業と同じように、企業家としてイノベーションを行わなければなりません。むしろ企業以上に企業家的であることが必要であります。と同時に、それがイノベーションを行うことは企業と比べてはるかに難しい仕事であります。そしてそれには、既存の事業が企業の場合よりもさらに大きな障害となります。

今日、大学の管理運営に関わる多くのものは、程度の差はあれ、このようなドラッカーの警鐘を身に染みて実感しているといってよいと思います。

その背景にあるのは、日本の大学をめぐる環境の大変化と、それに伴って浮上する新しい課題です。

一八歳人口減少と「大学全入時代」、大学間「大競争時代」の到来

第一は、日本の一八歳人口の急減が大学教育の質や大学経営に及ぼす影響です。

日本の一八歳人口は、一九九二年に二〇五万名のピークを迎えた後、減少期に入り、二〇一〇年度には一二二万名まで落ち込みました。このような動向のなかで、二〇〇五年度には入学者定員割れになった大学（四年制）は五四二校のうちの約三割にあたる一六〇校に上り、過去最多となりました。さらに二〇〇七年度には、志願者数が大学・短期大学の入学定員を下回る、いわゆる「大学全入時代」が到来しました。日本の大学もいよいよ本格的な、マーチン・トロウのいう「ユニバーサル化時代」を迎えているわけです（M・トロウ『高学歴社会の大学――エリートからマスへ』一九七六年、東京大学出版会）。

他方、二〇〇三年度には「学校教育法」の改正が行われ、一定の要件を満たす学部等の設置は「届出制」とするように変更されました。これによって、学部や学科の設置は、各大学の自由裁量で実施し易いものとなりました。

このような状況の中で、各大学は従来の学問分野の枠組みにこだわらないより社会的ニーズ志向の、ユニークな学部・学科の設置を進めています。その結果、一八歳人口が減少する中にあっても、積極的な学部・学科、大学院研究科の設置が展開しており、大学存立の大前提となる志願者の確保にむけた改革競争が急速に進展しています。

このような大学間競争に拍車をかけているのは、政府の高等教育制度改革の最大の眼目であった、国立大学の法人化でした。国立大学の法人化は、行財政改革の一環として位置づけられ、これと並行して進展した大学審議会や総合科学技術会議の論議に大きく影響を受けつつ、これまでの国立大学の運営モデルの大改革をスタートさせました。

国立大学法人のガバナンスの特徴は、第一に、学長が大学運営に強力なリーダーシップの発揮できる構造が保障されていることです。各種会議は審議機関とされ、基本的な決定権は学長が有することになっています。第二に、中期目標と第三者評価の二つの仕組みによって、自律的に改革を行わざるをえない仕組みが整えられていることです。第三者評価の前提となる中期目標の策定と、これにもとづく実行が、予算配分と連動されるという仕組みのもとで、改革の実施がいやおうなく促進されるシステムがビルトインされています。このような新しい仕組みの下で、現在国立大学法人は、年次的に削減される経常予算に対して、かつて経験したことのないスクラップ・アンド・ビルドが取り組まれています。

このような国立大学法人の改革の積極的、かつ急速な改革の展開は、当然のこととして私立大学の存立環境にも大きな影響をもたらしています。いまや日本の大学界は、かつて経験したことのない、国・公立、私立を巻き込んだ、熾烈な大学改革と「大競争時代」に突入しているといっていいでしょう。

国際レベルで展開する競争環境

第二は、さらに大きな、日本の大学がおかれている国際環境の変化であります。今日、高度な知識人材の確保が各国の国策として必須の課題となっています。同時に人材の国際的流動性が急速に高まっています。このような中で、各国での積極的な高等教育政策、研究振興政策を背景に、個別大学・研究機関などでの、国際舞台での人材確保の競争が熾烈さを増しています。

とくに欧米先進諸国は、発展途上諸国とは対照的に、若年層人口が停滞ないし減少傾向に入りつつあり（周知のとおり日本も同様）、人口急増地域、とくにアジア諸国・地域を対象に、優秀な若者には経済的には相当な優遇条件を提示するなど、激しい大学・大学院入学者獲得競争に乗り出しています。

他方、アジア地域の政府および各大学では欧米に流出する優秀な人材を国内で教育し、研究人材として育成する条件を高めるためにも、政府レベルでの高等教育政策、研究振興政策の積極的展開を進めています。またとりわけ、個別大学レベルでは教育・研究の国際化が急ピッチで展開されています。

このように大学をめぐる国際環境が急速に変動する中で、日本の大学の国際化はこれまで相当遅れをとっているといっても過言ではありません。

私自身は、一九九〇年代後半から、学生の半数、毎年四〇〇名（当時）の留学生を受入れる国際大学、立命館アジア太平洋大学（APU）の開設準備のためにアジア全域で行動しましたが、その経験でいえば、ここでの若者にとっての日本の大学の知名度、存在感は惨めなくらい低いものでした。なによりも屈辱的であったのは、日本の大学では日本語だけで教育がおこなわれているという閉鎖性と相俟って、そもそも日本の大学教育に対する信頼性が極端に低いことでありました。

もとより二〇〇〇年以後日本の各大学の国際化が大きく動き出し、状況は変わってきています。しかし、国際化を叫びつつも、依然として教育を日本語のみによっている日本の大学は、国際舞台から見れば、きわめて閉鎖的な社会とみられていることは、いまも基本的に変わりません。

しかし、日本の大学がこれから活路を拓いていこうとすれば、このような高等教育と研究活動の国際舞台の展開と切り結んでいかなければならないのであり、それに相応しい国際レベルの経営感覚、経営行動を組織的にも、個人的にも身につけていくことが求められるのです。日本の大学にとって、「国際的に通用力があり、信頼され、評価される大学」づくりが急務なのです。

今日日本の大学が直面する状況は、かつて一九八〇年代に世界のコンピュータ産業が直面した状況に擬えることができます。

当時世界のコンピュータ産業を支配したＩＢＭは、一九七〇年代まで、①先端ＩＣを駆使した大型メインフレームと、②それを動かす固有のオペレーティング・システム（ＯＳ）を二つの柱とした、自ら作り上げた技術基盤の上に、万全の市場支配体制を築いてきていました。しかし、一九八〇年代に入って急潮化してくる技術革新の新しい波、①ダウンサイジング（コンピュータの小型化、デスクトップ化、さらにポータブル化）と、②オープンシステム化（汎用ＯＳの一般化）の流れの中で、急速にその市場基盤を揺るがされることになりました。このような技術革新と市場基盤の再編成の中で、それまでの圧倒的な産業支配企業ＩＢＭも、一九九〇年代に劇的な再編成を迫られることになりました。

いま私たちの日本の大学も似たような状況に直面しています。

もとより日本の大学界が一九七〇年代までのコンピュータ業界のように一社によるガリヴァー支配の状況にあるわけではありませんが、それぞれの大学がそれぞれの既存の存立基盤によって棲み分けを図り、事柄によっては制度的に守られてきたところがあったことは否めません。

しかしいま、教育対象である一八歳人口の急減状況とあわせて、これまでの最大の棲み分けであった国・公立と私立の間の仕切りが大きく崩れ、競争環境は一挙に「オープン」になりました。これは、とくに私立大学にとっては、これまでの蓄積資源が大きく、しかも引き続き政府支援の大きな国立大学との厳しい競争に晒されることを意味します。

しかし大局的にみて、最大の競争環境の「オープン」化は、紛れもなく国際化であります。大学の教育と研究をめぐる国際環境は、急速に「オープン」化してきており、そのような国際環境の中で教育と研究の信頼性と評価が問われることになりつつあります。

こうしていま、日本の大学はそれぞれこのような二重の競争環境のいわば「オープン」化に直面しています。このような日本の高等教育史上かつてない環境変化を各大学がどのような創造的な戦略で対応していくことになるのか。その帰趨は、ひとつ個別大学の存続、発展の問題であるだけではなく、大きく日本の高等教育と研究の発展の将来を左右するものといって過言ではないでしょう。

その際、決定的に大切と思われることは、第一の日本国内レベルの課題を狭く国内的な視野だけで解決を図ろうとするのでは、早晩大きな限界に立ち至るであろうということです。国内的な課題とみえることをそのレベルの視野に止めて解決を図ろうとするのではなく、絶えず第二の国際的な環境変化への対応の課題として解決を図ろうとする取組みが必要であり、そのような取組みこそが大学の将来の創造的な戦略を作り出すことになるのです。

このような大学をめぐる国際環境の変化に対応する政府・文部科学省の政策展開として、国際拠点整備事業、いわゆる「グローバル三〇」プロジェクトの取組みが開始されました。「グローバル三〇」プロジェクトは、二〇二〇年代初頭までに留学生の受入れ三〇万名を目標とすることを前提に（二〇一〇年現在は約一四万名）、現在一三の大学を留学生受入れと教育の国際化の拠点大学として指定し、大学の国際競争力の強化のために財政支援などを実施するものです。

「教育の質保証」システムの構築と、「教育」という事業における改革の難しさ

このような日本の大学をめぐる環境変化のなかで、一方では大学ユニバーサル化時代に相応しい学部教育のあり方が問われています。学生の実態に相応しい「学びと成長」のための教育システムの構築が求められています。また他方、国際化時代にもとめられる日本の大学教育の国際的通用力の構築が問題となってきています。国際的互換性のある教育システムの形成が求められてきているのです。いずれの側面からも、日本の大学の「教育の質保証」をいかに進めるかという課題が浮上してきているのです。

このような状況の中で、二〇〇二年一一月、学校教育法の改正により、各大学における教育、管理運営における自己点検・評価の実施と公表、および外部認証評価機関による認証評価の義務が定められました（この認証評価制度は二〇〇四年度より施行された）。

学校教育法六九条の三は、次のように定めています。

「大学は、その教育研究水準の向上に資するため、文部科学大臣の定めるところにより、当該大学の教育及び研究、組織及び運営並びに施設及び設備の状況について自ら点検及び評価を行

い、その結果を公表するものとする。
２　大学は前項の措置に加え、当該大学の教育研究等の総合的な状況について、政令で定める機関ごとに、文部科学大臣の認定を受けた者による評価をうけるものとする。」

これは、大学における「教育の質保証」システムの形成に向けて一つの大きな画期となりました。

しかしこの間、社会の大学教育に対するニーズが変化し多様化する中で、現在の教育システムや内容が実際の社会的な要請、学生の「学びと成長」の期待に応えているかどうかという論議が絶えず繰り返されてきました。しかし、その改革は、容易に進まないところがあります。

その最大の問題は、大学教育では、教育を直接享受するもの、なによりも学生の実際のニーズとの照合の機会、あるいはメカニズムがきわめて機能し難いということであります。教員は組織的にも個人的にも、すでに準備されたシステム（カリキュラム）と内容を前提として授業を進めます。しかし、こうして提供されるシステムや内容が実際に学生のニーズに適合しているかどうかの検証は、なかなかに困難を伴うのです。

ものやサービスの市場世界では、顧客のニーズとの適合の検証は、売れるか売れないかという形で、直接になされます。しかし、すでにあらかじめ約束されたシステムを前提して時間をかけ、体系的になされる教育というサービスの提供では、それが実際に受け手のニーズに適合しているのかどうかの検証は簡単ではありません。

もちろんこの場合でも、ある一定期間を経過すれば、適合、不適合は自ら浮かんできます。個々の授業に対する人気もその一つの指標でしょう。しかし、限られた期間（基本的に四年間）で総単位数（現行一二四単位）をそろえるという今日の大学の教育システムの下では、それが授業とニーズの適合、不適合の正確な指標となるとはいい難いところがあります。また、大学教育においては、教授する側における高い専門性と経験の蓄積に対して、受け手としての学生の未成熟という本来的な非対称な関係が存在しています。したがって、授業とニーズの適合、不適合の判断は決して容易ではありません。

このような大学教育をめぐる環境は、残念ながら、組織的にも個人的にも、教育に保守性を蓄積させるところがあります。教育はその仕組みや内容がいったん確立すると、それが人々の日々の営みの蓄積に支えられている度合いが高いだけに、それを容易に変更することには大きな抵抗を伴うことになります。これが、教育のシステムや内容に対して守旧的な態度をとらせます。「教育のシステムや内容はあまり簡単に変えるものではない」という考えが当然のこととして定着してきます。そしてそれがまた、学生の教育ニーズ、一般的にいえば顧客ニーズに対する無感覚を生み出すことになるわけです。

このような状況を打破して、どうして新しい大学ユニバーサル化時代、国際化時代の「教育の質保証」システムを構築していくかがいま問われているのです。

3．ドラッカーの教えは、大学のイノベーションに何を警鐘するか

このような、今日日本の大学教育が直面している課題に対して、ドラッカーの教えは私たちにどのような警鐘を鳴らしているでしょうか。ここでの課題は、ドラッカーの社会観察とマネジメントの教えが私たちの直面する大学のイノベーションに残した課題と警鐘を考えてみることです。

これまで述べたように、日本の大学は、いま大きな曲がり角に立っています。社会を代表する「公的サービス機関」としての大学はこの挑戦を乗り切らなければなりません。大学は企業と同じ使命をもつものではありませんが、社会を代表する「組織」として、企業と同じように、「企業家としてイノベーション」を行わなければなりません。むしろ企業以上に企業家的であることが必要なのです。しかも、大学がイノベーションを行うことは、企業と比べてはるかに難しい仕事であります。

これをいかにして果たしていくか。

公的サービス機関のイノベーションのために必要な企業家的経営管理の方法

まずドラッカーは、一般的に、公的サービス機関のイノベーションを可能にするためにはどのような企業家的経営管理の方法が必要であるかを問い、四つの点を指摘します。（以下、ドラッカー『イノベーションと企業家精神』邦訳、二〇七〜二一六ページ）

第一に、「公的サービス機関は明確な目的をもたなければならない。」当該の機関は、なぜ存在しているのか、何をしようとしているのかをあきらかにしなければならない。

第二に、「公的サービス機関は実現可能な目標をもたなければならない。」つまり、公的サービス機関は本当に実現可能な、最終的に達成を明確に確認できる目標設定を必要としている。

第三に、「公的サービス機関は、いつになっても目標を達成できなければ、目標そのものが間違っていたか、あるいは少なくとも目標の定義の仕方が間違っていた可能性があることを認めなければならない。」目標は大義ではなく、費用対効果にかかわるものとしてとらえられなければならない。

最後に、「公的サービス機関は、イノベーションの機会の追求を自らの活動に組み込んでおかなければならない。変化を脅威としてではなく、機会として見なければならない。」

またドラッカーは、『イノベーションと企業家精神』に先立って、『マネジメント』の第一四章「公的サービス機関の成功の条件」では、あらゆる公的サービス機関は自らに以下のような六つの規律を課す必要があるとしています。（以下、ドラッカー『マネジメント』原著一九七四年：邦訳、二〇〇八年、ダイヤモンド社、二〇〇～二〇一ページ）

(一)「事業は何か。何であるべきか」を定義する。
(二)その事業の定義に従い、明確な目標を設定する。
(三)活動の優先順位を検討し、活動領域を定め、成果の基準すなわち最低限必要な成果を規定し、期限を設定し、担当者を明らかにし、成果をあげるべく仕事をする。
(四)成果の尺度を定める。
(五)それらの尺度を用いて、自らの成果についてフィードバックを行う。成果による自己管理を確立する。
(六)目標と成果を照合する。

すでにあきらかなように、ここに示されているのは、今日いわれる、PLAN↓DO↓CHECK↓ACTIONサイクル（PDCAサイクル）の採用であります。ドラッカーはさらに、これらのステップの中で最も重要なのは、第六のステップ（目標と成果の照合）であるとしています。そしていいます。

「企業には、非生産的な活動を廃棄しなければ倒産するというメカニズムがある。市場による競争のない公的サービス機関には、このメカニズムが欠如している。したがって、公的サービス機関において成果のない活動を廃棄することは、苦しくはあっても最も求められる意思決定というべきである。」（ドラッカー『マネジメント』邦訳、二〇一ページ）

大学のイノベーション——ドラッカーの警鐘

公的サービス機関のイノベーションについての、このようなドラッカーの指摘は、「マネジメントの発明」とされる一九五四年の『現代の経営』で示された組織運営の指針に立つものです。ドラッカー・マネジメントの原点である『現代の経営』のエッセンス中のエッセンスともいうべきものは、次の二点でしょう。

第一は、「企業が何かを決定するのは顧客である」（ドラッカー『現代の経営』原著一九五四年：邦訳、二〇〇六年、ダイヤモンド社、四六ページ）という、いわゆる「顧客の創造」「顧客のニーズ」を最重要視する視点であります（同上書、第五章を参照）。

第二は、事業が成果を上げるには「自己管理による目標管理」（同上書、一六六ページ）が不可欠であるという視点であります（同上書、第一一章を参照）。

これらのドラッカー・マネジメントの基本視点を、大学の今日の実情に即して整理してみますと、以下のようです。

（1）大学に対する「顧客のニーズ」と大学の「事業の目的」

大学における「事業の目的」

ドラッカーは、事業の原点は「事業の目的は何か」を考えることであり、事業の目的を決定するのは「顧客のニーズ」であるといっています。大学にとっても、「顧客のニーズ」とは何かを考えること、これが第一に求められることです。

大学における「事業の目的」を問われるとき、今日では、関係者がこぞって上げる事項は、国・公立、私立を問わず、教育、研究、および産官学連携や地域貢献といった社会貢献の三つでしょう。

しかしずっと以前からそうであったわけではありませんでした。産官学連携や地域連携などの社会貢献が大学の事業目的として常識的に意識されるようになったのは、長く見てもこの二〇年のことであります。

一九九〇年代を迎えるころでもまだ、とくに産官学連携は大学の積極的な活動としては認識されていませんでした。とりわけ「産学協同」とか「産学連携」は、大学の存立の前提である大学の自治や学問の自由とは相いれないものとして、敬遠されてきました。私自身の本務校であった立命館は、一九八〇年代後半から産学連携に取組み、九〇年代前半には新キャンパス（びわこ・くさつキャンパス：ＢＫＣ）への理工系学部の移転拡充を契機にその組織的窓口として「リエゾンオフィス」を設けましたが、立命館のこの取組みは、当時はまだかなりめずらしい取組みとして周囲からその成行きが注目されました。しかし、九〇年代半ば以降、政府、当時の通商産業省や文部省が「産業立国」政策のもとに、産官学連携に大きく動き出し、その際国・公立大学でも同種の組織が軒並み設置されました。このような動きの中で、大学の新しい活動のあり方として、産官学連携や地域貢献が当然のこととされ、さらにその取組みの積極性、先進性が問われるまでになったのです。

それでは、教育と研究についてはどうであったか。学部学生を擁する大学である限り、「事業の目的」としてこの二つが否定されたことはありません。しかし、教育と研究の位置づけ、関係については、やはりこの二〇年の間にかなり大きな変化があったといえます。

日本の大学の歴史を遡れば、大学は限られたエリート人材の育成機関としてその存在が認識され、勢いそれを裏づける研究の高さが問われました。そのため、日本の大学では、教育の前にまず研究がおかれる、いわば「研究至上主義」の通念が通用してきました。それはまた、大学院教育の性格も規定し、大学院は少数精鋭の研究者の養成機関と理解されてきました。

このような通念を大きく転換させたのは、一九八〇年代、臨時教育審議会の活動をうけて八七年に発足した大学審議会の諸答申でありました。

一九九一年二月、大学審議会の答申「大学教育の改善について」は、大学設置基準の「大綱化」、とりわけ一般教育、専門教育などの授業科目区分の撤廃を打ち出しました。これによって、各大学がその教育目的達成のために必要な授業科目の体系を科目区分の制約を受けずに自主的に編成するということが可能となり、教育のあり方について各大学が独自の内容を打ち出していくことになりました。このような制度的な改革の背景にあったのは、大学がマス化段階からさらにユニバーサル化段階へ進んでいくという社会状況でしたが、これらが相まって、大学における、研究とは独自の教育というものの役割を認識させることになったと思います。

またこれに先立つ一九八八年一二月、大学審議会は大学院の充実と改革に向けて、「大学院制度の弾力化」なる答申が出され、社会人教育・専門職業教育機能の重視、大学院進学・学位取得の容易化の方向が打ち出されました。また合わせて、大学院の拡大路線が打ち出されました。これらの政策展開は、これまでの少数精鋭、研究者養成志向の大学院のあり方を大きく転換させることにつながったのです。これらの政策転換の背景には、新しい経済成長をめざす政府の意向と社会の人材ニーズの変化がありましたが、このような動きの中で、大学における教育と研究の位置づけ、それぞれの役割の独自性が大きく浮上することになったのです。

こうして、一九九〇年代以降の二〇年間に、大学の「事業の目的」として、大学に対する社会的なニーズの変化、多様化のなかで、それらに応えるために、教育、研究、および産官学連携や地域貢献といった社会貢献の三つの活動がそれぞれ独自の役割を担うものとして確立してきたといえるでしょう。

「学生のニーズ」への感度を高めよ
――ファカルティ・デベロップメント（教育開発）への期待

しかしこの中で、大学教育をめぐる環境は、残念ながら、組織的にも個人的にも、社会のニーズ、学生のニーズの変化に即応できるように敏速に改革されてきたとはいえないところがあります。教育はその仕組みや内容がいったん確立すると、それが人々の日々の営みの蓄積に支えられている度合いが高いだけに、それを容易に変更することには大きな抵抗を伴うことになります。これが、教育のシステムや内容に対して守旧的な態度をとらせ、「教育のシステムや内容はあまり簡単に変えるものではない」という考えが当然のこととして定着してきます。そしてそれがまた、学生の教育ニーズ、一般的にいえば顧客ニーズに対する無感覚を生み出すことになるのです。

しかし、今日の大学教育はこのような、いわば大学をめぐる硬直化した内向的組織風土を「改革する」風土に早急に変革する必要があります。その際、教育の閉塞状況を変える最大のてこは、やはりきわめて単純な原理、ドラッカーのいう「顧客のニーズ」は何かという組織運営の原点であろうと思います。

全国私立大学ＦＤ連携フォーラムのロゴマーク

企業組織においては市場における「顧客のニーズ」こそがすべての活動の原点であるように、教育機関としての大学においても、その設立形態を問わず、活動の原点は、「学生」でなければなりません。教育機関としての大学は何よりもその教育の質を何よりも重視しなければなりませんし、またその成功度を測る基本的な指標は、学生の「成長と満足」であろうと思います。

この当たり前のことをどれだけ徹底できるか。これが、今日わが国の大学にとっての組織文化改革の基本であります。

このような改革の重要な努力の一つとして、今日、関係者の間で、ファカルティ・デベロップメント（教育開発）のための活動が活発にはじめられています。初等、中等教育に対比して大学教育のレベルでは、教育という要の営みが担当者個人の営みに任される風土が長く続いてきました。学問・研究の自由という大学の理念もからみ、これまで教育の営みは担当者個人の能力と才能にまかせ、むしろ外部から干渉すべきではないという考えが普通のこととして支配してきました。

しかし、教育という営みは、個々人の学問・研究の内容とは相対的に独自に、組織的、集団的に責任を持たなければならない性格のものであり、その営み自体も組織的、集団的に発展、進化させていかなければならないものであると考えます。

このように考えると、教育という場面に「顧客のニーズ」、具体的に「学生のニーズ」を反映するために、真摯なファカルティ・デベロップメント（教育開発）の取組みがより一層発展する必要があることは当然のことです。

（2）大学管理にも目標管理の徹底を
大学の認証評価を内部改革に

大学もまた公的サービス機関として、その事業目的に沿って「成果」を上げなければなりません。ドラッカーは、組織がその事業目的で成果を上げるために求められるのは、「目標管理」であり、とくに市場メカニズムにさらされない公的サービス機関においては、これが成功の最も重要な条件であるとしています。大学における「目標管理」は可能か、これをいかに進めるかを考えることが第二に求められることです。

二〇〇二年一一月、学校教育法の改正により、各大学における教育、管理運営における自己点検・評価の実施と公表、および外部認証評価機関による認証評価の義務が定められました（この認証評価制度は二〇〇四年度より施行された）ことは前段で述べたとおりです。

これは日本の大学管理運営の改革史上、画期的な出来事でした。それは、自己点検・評価によって大学の「教育の質保証」を図ることを制度的に定めたものであったからです。

しかし多くの論者が語るように、第三者によるこの認証評価の結果を実際に大学の内部改革に繋げることができなければ、その意義は大きく減殺されます。認証評価を得たということは、当該大学が大学として必要最低限の教育・研究上の基本要件を満たしているということの証明に過ぎません。そのこと自体、もとより大いに意義のあることですが、それぞれの大学に課せられている社会的責務や課題を考えれば、より高い水準の教育・研究の内実を構築していくことが求められているのです。

不可欠なＰＤＣＡサイクルの導入

しかし、このような観点から日本の大学のこれまでの自己点検・評価システムを振り返ってみたとき、気づくことは、これまでのシステムでは、組織の目標が成果検証可能な形で必ずしも明確化されておらず、自己点検・評価の基本機能であるＰＬＡＮ↓ＤＯ↓ＣＨＥＣＫ↓ＡＣＴＩＯＮ（ＰＤＣＡ）のマネジメント・サイクルの仕組みが十分確立、徹底していないということです。

私は、かつて本務校立命館大学で認証評価申請に関わる仕事に携わった経験がありますが、この作業を進めつつ、いつもある種のいら立ちを感じていました。このいら立ちの背景は、この点であります。

立命館大学での私の経験を紹介することになりますが、二〇〇四年度大学基準協会より認証評価認定を受けた後、二〇〇五年度より、自己点検・評価機能の強化を図り、大学組織にいわば「評価文化」を醸成していくために、二筋の取組みを開始しました。第一は、総長・理事長の諮問機関としての「大学評価委員会」と、その事務局としての「大学評価室」の発足です。大学評価室は併せて、次回認証評価受審の事務局を担いました。第二は、教育力強化に向けての「教学改革評価・検証指標」の設定と、それに基づく教学活動におけるＰＤＣＡサイクル・マネジメントの採用に向けた取組みです。

新しく設置された大学評価室は、自己点検・評価活動を進めるための視点と課題を、次のように整理しました。

（一）目標を確立する作業

これまで各組織の評価書を作成する際、目標や、目標に対する成果を測定する基準が明確化できていなかったことに起因して、有効な自己点検・評価ができないという難点があった。したがって、各組織の目標、目標達成を測定する指標・基準、達成期限を、毎年次および中期スパンで明確にする必要がある。このためには、以下の点で既存業務の見直しが必要である。

・学園全体のビジョン・戦略目的などの提示

・部単位目標（領域別共通目標）の設定
・各組織目標（個別目標）の抽出
（一）目標を検証・是正・公表する作業
目標設定や途中での目標変更は各組織任せの面が強く、大学としての組織目標を確定するという面では、目標管理委員会などで目標を評価している国立大学法人に比べ不十分である。今後、各組織の目標を、評価・是正・公表し、全学的・組織的なものとするための機能を確立する。
・目標の妥当性の点検評価・是正
・目標の全学公表
（二）日標達成の責任の明確化と進捗状況報告
目標を組織的に達成するためには、実行過程における各阻織の責任を明確にする必要がある。この点では、以下の見直しが必要である。
・目標達成責任の明確化
・取組み状況の報告
（三）自己点検結果の検証と自己評価書の作成
これまで各組織の自己点検・評価の結果は、年次報告書及び四年ごとの「白書」としてとりまとめてきましたが、これらはそのときどきの自己評価委員会の責任者などによる点検や判断で編集されてきた面があった。今後、総長・理事長、常任理事会が評価内容を十分認識できる状況にし、これを点検評価・是正するプロセスを確立していく。

・常任理事会への自己評価書の報告
・各組織の自己評価書を検証するプロセスの確立
・自己評価書の執筆、編集上の問題解決

(四) 改革・改善についての提言・提案

これまで、成果の点検・評価に基づく改革・改善の必要が認識されても、その具体化は主としてそれぞれの組織のレベルに任され、その実行には精粗があった。これからはこれを克服して、徹底した改革・改善策の実行が求められる。そのために大学評価室は、課題の指摘だけにとどまらず、可能なかぎり具体的な改革・改善施策を提言・提案するものとする。

私が関わった立命館大学の自己点検・評価機能強化の取組みを振り返ってみますと、大学基準協会の認証評価を契機に、さらにいかに強力な内部評価システムを学内的に構築するか、ということでした。そしてその要となったのは、学内組織にPDCAサイクルを基本とする教学改革継続のメカニズムをいかにビルトインするか、またそれを通して、「評価文化」といったものをいかに醸成させていくか、ということでした。

確かに、このような日常の営みを大学組織の中に根づかせることは、「一つの尺度で測るような目標設定は大学になじまない」という、これまでの大学の観念からすれば抵抗も大きいものであり、実践には苦痛を伴うものであります。

しかし今日、大学という組織は、決して教育、研究、管理運営に携わる組織内部の専門家だけのものではありません。大学の存立には、学生はもちろん、父母、校友、地域社会、自治体、企業など、様々な社会のステークホルダーが関わっています。大学は、広範なこれらの社会的関係者の求める「ニーズ」に高い満足度で応えるものでなければなりません。そのためには、これまでの伝統的な観念からすればいくぶん抵抗感のあるものであっても、外部から見て透明度の高い自己点検・評価システムを完備することが、今日、私たち大学の社会的責任であると確信します。

そしてまたそれが、ドラッカー・マネジメントの観点からの、公的サービス機関としての大学に対する警鐘に応える道であると考えます。

※　以上本項の立命館大学に関わる叙述は、拙稿「認証評価結果を生かした大学改革――立命館大学の取組み」『大学時報』第三一九号、二〇〇八年三月号、による。

著者紹介

坂本　和一（さかもと　かずいち）立命館大学名誉教授，立命館アジア太平洋大学名誉教授，経済学博士（1975年）

□略　歴

1939年10月　石川県に生まれる
1963年3月　京都大学経済学部卒業
1968年3月　京都大学大学院経済学研究科博士課程単位取得
1968年4月　立命館大学経済学部に奉職
この間、1979年7月　ハーバード大学フェアバンク東アジア研究センターおよびニューヨーク大学経済学部で客員研究員（～1980年9月）
1988年4月　立命館大学教学部長（～1991年3月）
1994年4月　学校法人立命館副総長・立命館大学副学長（～2005年3月）
2000年1月　立命館アジア太平洋大学学長（～2004年3月）
現在、立命館百年史編纂室顧問

□主要著書

『現代巨大企業の生産過程』有斐閣、1974年（博士学位論文）
『IBM―事業展開と組織改革』ミネルヴァ書房、1985年（第2回テレコム社会科学賞授賞）
『GEの組織改革』法律文化社、1989年（新版1997年）
『21世紀システム―資本主義の新段階』東洋経済新報社、1991年
『コンピュータ産業―ガリヴァ支配の終焉』有斐閣、1992年
『新しい企業組織モデルを求めて』晃洋書房、1994年
『アジア太平洋時代の創造』法律文化社、2003年
『鉄はいかにしてつくられてきたか―八幡製錬所の技術と組織：1901-1970年』法律文化社、2005年
『大学のイノベーション―経営学と企業経営から学んだこと』東信堂、2007年
『ドラッカー再発見』法律文化社、2008年
『近代製鉄業の誕生』法律文化社、2009年
『ドラッカーの警鐘を超えて』東信堂、2011年

大学の発想転換――体験的イノベーション論二五年

2012年9月25日　初　版　第1刷発行　〔検印省略〕

＊定価はカバーに表示してあります。

／発行者　下田勝司　　印刷・製本　中央精版印刷

東京都文京区向丘1-20-6　郵便振替00110-6-37828　発行所
〒113-0023　TEL 03-3818-5521　FAX 03-3818-5514　株式会社 東信堂

Published by TOSHINDO PUBLISHING CO., LTD.
1-20-6, Mukougaoka, Bunkyo-ku, Tokyo, 113-0023, Japan
E-Mail tk203444@fsinet.or.jp　http://www.toshindo-pub.com

ISBN978-4-7989-0124-4 C1034

東信堂

書名	著者	価格
ハンス・ヨナス「回想記」	H・ヨナス 盛永・木下・馬渕・山本訳	四八〇〇円
責任という原理―科学技術文明のための倫理学の試み（新装版）	H・ヨナス 加藤尚武監訳	四八〇〇円
感性のフィールド―ユーザーサイエンスを超えて	桑子敏雄 千代章一郎 編	二六〇〇円
空間と身体―新しい哲学への出発	桑子敏雄	二五〇〇円
環境と国土の価値構造	桑子敏雄編	三五〇〇円
森と建築の空間史―南方熊楠と近代日本	千田智子	四三八一円
メルロ＝ポンティとレヴィナス―他者への覚醒	屋良朝彦	三八〇〇円
概念と個別性―スピノザ哲学研究	朝倉友海	四六四〇円
〈現われ〉とその秩序―メーヌ・ド・ビラン研究	村松正隆	三八〇〇円
省みることの哲学―ジャン・ナベール研究	越門勝彦	三二〇〇円
ミシェル・フーコー―批判的実証主義と主体性の哲学	手塚博	三二〇〇円
カンデライオ（ジョルダーノ・ブルーノ著作集 1巻）	加藤守通訳	三二〇〇円
原因・原理・一者について（ジョルダーノ・ブルーノ著作集 3巻）	加藤守通訳	三二〇〇円
英雄的狂気（ジョルダーノ・ブルーノ著作集 7巻）	加藤守通訳	三六〇〇円
ロバのカバラ―ジョルダーノ・ブルーノにおける文学と哲学	N・オルディネ 加藤守通監訳	三六〇〇円
〔哲学への誘い―新しい形を求めて 全5巻〕		
哲学の立ち位置	松永澄夫 鈴木泉 編	三二〇〇円
哲学の振る舞い	松永澄夫 村瀬鋼 編	三二〇〇円
社会の中の哲学	松永澄夫 高橋克也 編	三二〇〇円
世界経験の枠組み	松永澄夫 伊佐敷隆弘 編	三二〇〇円
自己	松永澄夫 浅田淳一 編	三二〇〇円
哲学史を読むⅠ・Ⅱ	松永澄夫	各三八〇〇円
言葉は社会を動かすか	松永澄夫編	二三〇〇円
言葉の働く場所	松永澄夫編	二三〇〇円
食を料理する―哲学的考察	松永澄夫	二〇〇〇円
言葉の力（音の経験・言葉の力第Ⅰ部）	松永澄夫	二五〇〇円
音の経験（音の経験・言葉の力第Ⅱ部）―言葉はどのようにして可能となるのか	松永澄夫	二八〇〇円
環境 安全という価値は…	松永澄夫編	二〇〇〇円
環境 設計の思想	松永澄夫編	二三〇〇円
環境 文化と政策	松永澄夫編	二三〇〇円

〒113-0023　東京都文京区向丘 1-20-6　TEL 03-3818-5521　FAX03-3818-5514　振替 00110-6-37828
Email tk203444@fsinet.or.jp　URL:http://www.toshindo-pub.com/

※定価：表示価格（本体）＋税

東信堂

（世界美術双書）

バルビゾン派	井出洋一郎	二〇〇〇円
キリスト教シンボル図典	中森義宗	二三〇〇円
パルテノンとギリシア陶器	関隆志	二三〇〇円
中国の版画―唐代から清代まで	小林宏光	二三〇〇円
象徴主義―モダニズムへの警鐘	中村隆夫	二三〇〇円
中国の仏教美術―後漢代から元代まで	久野美樹	二三〇〇円
セザンヌとその時代	浅野春男	二三〇〇円
日本の南画	武田光一	二三〇〇円
画家とふるさと	小林忠	二三〇〇円
ドイツの国民記念碑―一八一三年―一九一三年	大原まゆみ	二三〇〇円
日本・アジア美術探索	永井信一	二三〇〇円
インド、チョーラ朝の美術	袋井由布子	二三〇〇円
古代ギリシアのブロンズ彫刻	羽田康一	二三〇〇円

（芸術学叢書）

芸術理論の現在―モダニズムから	藤枝晃雄・谷川渥編著	三八〇〇円
絵画論を超えて	尾崎信一郎	四六〇〇円
美術史の辞典	P・デューロ他 中森義宗・清水忠訳	三六〇〇円
バロックの魅力	小穴晶子編	二六〇〇円
新版 ジャクソン・ポロック	藤枝晃雄	二六〇〇円
美学と現代美術の距離―アメリカにおけるその乖離と接近をめぐって	金悠美	三八〇〇円
ロジャー・フライの批評理論―知性と感受性の間で	要真理子	四二〇〇円
レオノール・フィニ―境界を侵犯する新しい種	尾形希和子	二八〇〇円
いま蘇るブリア＝サヴァランの美味学	川端晶子	三八〇〇円
ネットワーク美学の誕生―「下からの綜合」の世界へ向けて	川野洋	三六〇〇円
イタリア・ルネサンス事典	J・R・ヘイル編 中森義宗監訳	七八〇〇円
福永武彦論―「純粋記憶」の生成とボードレール	西岡亜紀	三二〇〇円
『ユリシーズ』の詩学	金井嘉彦	三二〇〇円

〒113-0023 東京都文京区向丘1-20-6 TEL 03-3818-5521 FAX03-3818-5514 振替 00110-6-37828
Email tk203444@fsinet.or.jp URL:http://www.toshindo-pub.com/

※定価：表示価格（本体）＋税